活出精采自由人生！

長壽時代下的100條致勝法則

勝間和代

不管到了什麼歲數
都要刷新史上最好的自我。

前言

百歲時代是自然的趨勢。
為了盡可能實現更多願望，
從今天開始就能做的事情

「念書20年，工作40年，退休20年」，這種以80年為單位計算「教育→工作→安度晚年」的模式，一直是我們心目中的人生規劃典範。然而，自6〜7年前開始，突然有人提出人生不再只有80年，而是100年的意見，引爆世人對於退休資金不足的憂慮，以及不知道自己何時才能退休的不滿。這個議題至今仍沒有退燒，這些憂慮和不滿也並未解決。許多人一直將60歲或65歲屆齡退休視為人生的目標之一，如今卻聽說要再多工作15年或20年，該教人多麼灰心？

相信也有不少人始終擺脫不了這樣的心情，日復一日被業績目標和待辦事項追著跑而瀕臨精神崩潰。偏偏人生百年論調出現的時機，恰逢日本政府調高年金請領年齡的決策，有些人甚至猜疑這是政府刮取民膏民脂的手段，試圖讓國民工作得久一點。我很能體會這種心情，但按照道理思考，便會發現兩件事情出現的時機一致很可能只是巧合。

數據顯示長壽時代到來

其實，日本社會開始廣泛討論人生百年的契機，源自2016年10月出版的一本翻譯書：《LIFE SHIFT 100年時代の人生戰略（100歲的人生戰略）》。作者是倫敦商學院（London Business School）的兩位教授，林達・葛瑞騰（Lynda Gratton）與安德魯・史考特（Andrew J. Scott），書中提到「現在20歲的人有超過一半的機率能活到100歲以上，40歲以上的人有超過一半的機率能活到95歲以上，60歲的人有超過一半的機率能活到90歲以上」、「2007年出生於日本的孩子，有50%能活到107歲」。54歲的我屬於「40歲以上的人」，所以我有過半的機率能活到95歲以上。

另一方面，根據日本厚生勞動省的統計，2021年日本人的平均壽命，男性為81.47歲，女性為87.57歲。雖然與95歲有段距離，但我們可不能忽視平均壽命逐年增加的趨勢。1955年（昭和30年）日本人的平均壽命，男性為63.60歲，女性是67.75歲。而35年後的1990年（平成2年），男女的平均壽命延長了10歲以上，男性為75.92歲，女性則達到81.9歲。**因此，我們可以預測35年後，平均壽命還會再延長10歲以上，我活到95歲以上的可能也不是無稽之談。**

高齡仍能健康生活的可能性很大！

平均壽命延長的原因，包含人們健康意識的提升、生活習慣的改善，以及生命科學的發達，得以治療更多疾病。就連人們過往視為絕症的癌症，也成了有辦法治療的病症。此

外，日本人常患的糖尿病、心臟疾病和腦血管疾病，治療方法也有了進步。根據這些現況，日本厚生勞動省認為，平均壽命的記錄在未來仍然可能繼續刷新。顯然，我們活到100歲是難以違抗的時代趨勢，或說是自然的趨勢。

既然壽命延長，有辦法治療的疾病也更多了，那麼我們到了高齡的階段，依然很有可能維持健康的生活。既然如此，不妨這麼想：**我們擁有更多機會重拾學習、鑽研興趣、放個長假、換個工作，甚至是創業**。這本該是一件值得高興的事，假如你仍對「長期工作」有所抗拒，可能是因為你尚未將人生規劃的單位從80歲換成100歲。

高齡也能做點工作的情況將成為常態

首先你需要改變工作觀念。在百歲時代，70多歲、80多歲依然在工作的情況將成為「常態」。即使於60歲或65歲屆齡退休，也只意謂著自己任職於公司的期間結束，並不代表勞動的期間結束。許多人聽到這番話會感到沮喪，因為他們腦中想的是當前繁重的工作狀況會一直持續到年老。但隨著年齡增長，體力下滑，我們也將漸漸無法長久負擔繁重的工作。**請將老後的工作型態，想像成每天工作3～4個小時，每週工作2～3天的狀況**。

年金應該可以涵蓋生活費的三分之二～一半，所以這樣的工作步調也綽綽有餘，還能緩解退休後的經濟壓力。目前日本的年金請領年齡，原則上是65歲，未來有可能提高到70歲，而這段期間的生活費可以靠退休金支撐。若加以運用本書Chapter 3「理財戰略Hacks！」所介紹的理財方式，本金

在10年內翻倍，20年內翻4倍，30年內翻8倍也不是痴人說夢。若從現在開始準備，退休後甚至不需要動用退休金也能過生活。

日本昭和時代（1929~1989），許多人憧憬著退休後能憑藉豐厚的年金安享天年。但事實上，也有一些人失去工作的同時也迷失了自我定位，導致身心出狀況。近年來，「FIRE（Financial Independence, Retire Early）」，即「財務獨立，提早退休」的概念愈來愈受歡迎，實踐者也愈來愈多，但我並不完全推崇這套觀念。具體原因會在本書的Chapter 0詳細解釋，總而言之，我認為人若無法感受到自己之於他人或社會的用處，往往會感到孤立無助，心生抑鬱。即便提早退休，也建議與社會保持聯繫，例如參加志工活動。

此外，從40～50多歲開始，考取一些退休後仍能繼續工作的證照也是個明智之舉。實際上，就有一名9旬女士依然在從事護理師工作，**可見百歲時代，選擇工作的關鍵，在於該工作是否正面看待年齡和經驗的增長**。又或者，與其靜待退休，不如提早獨立，創造一個七老八十仍然可以工作的環境。像我計劃持續寫作與拍攝影片直到90幾歲。

比起煩惱老後的居住問題，構建人際網絡更加重要

為準備迎接百歲時代，下一個需要改變的觀念是關於居住的問題。不知道為什麼，許多人深信老年人租不到房子，所以必須購置房產，以免老後無家可歸。然而只要有年金收入，市中心或郊區都有很多物件可以租賃，專門供老年人租賃並附有照護服務的物件也逐年增加。日本已經進入65歲以

上人口占總人口28％以上的超高齡社會。因此，**老後的居所已不再是需要優先煩惱的問題了**。

如果你考慮買房，我建議只挑不用貸款、能夠一次付清的中古屋。房貸是一項龐大的債務，會剝奪生活的自由。而新房的價格還包含了廣告宣傳費用和銷售成本，因此價格往往較高。

過去，由於土地和房屋的價格不斷上漲，不動產持續增值，貸款買房有其優勢；但那只限於人口增長的時代。大原則來說，在人口負成長的國家，土地和房屋的價格不會上漲。如今日本的人口正在減少，地方上已經出現大量閒置的土地和房屋。

我反而希望讀者好好思考，如何構築親友人際網絡。隨著年齡增長，有些人的人際網絡會擴張，有些人的則會萎縮。萬一生病或遭遇困難時，能仰仗的人自然是愈多愈好。說的極端一點，房子隨時可以花錢租到，但信賴關係卻是金錢買不到的。因此，**我建議趁現在開始努力建立自己的人際關係網絡**。

此外，也請務必想想如何「打造能自由活動的身體」。雖然許多人已經擁有不錯的健康意識，卻往往忽略「行動力」的觀點。關於這一點，我會在書中進一步闡明。

現在開始也不遲，沒有任何事情需要放棄！

正如本書的書名所示，這本書集結了我認為適合百歲時代運用的人生戰略。隨著百歲時代的到來，人生的選擇更加多元，規劃人生的方式也更加多采多姿，不再存在唯一的

「正確答案」。

　　尋求唯一的「正確答案」，是人的思考習性。「正確答案」因人而異，唯有親自嘗試過，才會知道什麼是最適合自己的答案。

　　因此，當你想到某個不錯的方法時，請立即付諸行動，驗證那是否是自己的「正確答案」。一而再再而三，終將培養出「自由精采過一生」的能力，當你從事自己想做的事情時，將不再容易受到金錢、時間、人際關係等各方面因素的牽制。

　　歡迎讀者參考次頁的「百歲時代自由精采過一生的10個心態」，並從感興趣的章節開始閱讀。

　　如果你現在40歲，那麼你的人生還有60年；如果你50歲，還有50年；即使你60歲，也還有40年。想要在這段時光盡可能實現更多夢想，唯一的方法就是行動。現在開始也不遲，沒有任何事情需要放棄！

勝間和代

百歲時代自由精采過一生的

心態 1
金錢不要閒置於銀行帳戶。
應該讓它在證券帳戶中工作＝投資。

▶ Chapter 3 理財戰略 Hacks！

心態 2
工作是最棒的腦力訓練，也能體驗貢獻他人的喜悅。70歲以後，放慢工作步調，盡可能長久工作。

▶ Chapter 0 百歲時代戰略 Hacks！／Chapter 1 新工作型態戰略 Hacks！

心態 3
比起每週上1～2次健身房，利用車站的樓梯勤加活動，打造「能自由活動的身體」。

▶ Chapter 2 健康戰略 Hacks！

心態 4
養成每天嘗試小小挑戰的習慣，將提升自我的喜悅化作生活動力。

▶ Chapter 5 學習戰略 Hacks！

心態 5
能力、經驗、人脈，
都能「複利」成長。

▶ Chapter 0 百歲時代戰略 Hacks！／Chapter 1 新工作型態戰略 Hacks！

10個心態

心態 6 避免人際網絡萎縮，
持續認識新朋友。

▶ Chapter 4 人際互動戰略 Hacks！

心態 7 任何事情都要
預留充分的時間（緩衝）。

▶ Chapter 6 時間戰略 Hacks！

心態 8 誠實面對自己的好惡，
培養自己的「軸心」。

▶ Chapter 7 理想自我戰略 Hacks！／Chapter 4 人際互動戰略 Hacks！

心態 9 有些事情就是會讓人心浮氣燥，
所以更應該增加樂趣。

▶ Chapter 5 學習戰略 Hacks！／Chapter 7 理想自我戰略 Hacks！

心態 10 「無私的親切」最能提升自我肯定感。
不必強迫自己正面思考。

▶ Chapter 2 健康戰略 Hacks！／Chapter 7 理想自我戰略 Hacks！

Contents

前言 4

百歲時代自由精采過一生的10個心態 10

Chapter 0

百歲時代戰略 Hacks！
正確理解百歲時代的意涵

01. 擁有3項「儲蓄」，年紀愈大愈幸福 22
02. 理財、工作、健康都適用於複利效應 24
03. 工作是最棒的腦力訓練，「提早退休」的注意事項 27
04. 思考什麼工作能持續做到80歲、90歲 29
05. 身處瞬息萬變的局勢，追求穩定反而是一種風險 33
06. 萬事皆有風險。應將風險控制於可以管理的範圍內 35
07. 培養接受不確定性的能力 38
08. 人之所以容易受騙，是因為相信的成本比較低 40

Chapter 1

新工作型態戰略 Hacks！
符合自身特質的工作

09. 工作是最強的抗衰老手段 ⋯⋯ 44

10. 取得工作精神與金錢報酬之間的平衡 ⋯⋯ 46

11. 工作時間短也能拿出成果的2個訣竅 ⋯⋯ 48

12. 不做對客戶和市場沒有貢獻的工作 ⋯⋯ 51

13. Workation！好好享受度假，偶爾做點工作 ⋯⋯ 53

14. 從事市場價值會隨著年歲增長而提升的工作 ⋯⋯ 56

15. 盡可能多賺與工作時間不成比例的收入 ⋯⋯ 58

16. 從定額報酬型收入階段性轉換為成果報酬型收入 ⋯⋯ 60

17. 家庭主婦更應該創業。花時間讓收入翻倍成長 ⋯⋯ 62

18. 厭倦是技術成熟的信號。
對一件事情厭倦時，就是開始賺錢的時機 ⋯⋯ 64

19. 往不努力也能獲得成果的方向前進才是對的 ⋯⋯ 66

20. 尋找3個圓圈重疊的部分，快樂提高收入 ⋯⋯ 69

21. 別相信「好東西再貴也賣得掉」。
了解正確的賺錢機制 ⋯⋯ 72

22.「跳脫完美主義」，成為能幹的人 ⋯⋯ 74

Chapter 2

健康戰略 Hacks！
健康遠比錢財重要

23. 解決健康上的「長壽風險」，幸福活到生命落幕 ... 78
24. 人生最大的資產是體力而非錢財 ... 80
25. 提升生活品質，方能預防老化 ... 83
26. 「實際年齡減20歲」是打造理想人生的重要觀念 ... 85
27. 運動是為健康壽命儲蓄。動得太少比吃得太多更恐怖 ... 87
28. 騎自行車移動可以活化身體與大腦 ... 90
29. 睡眠至上主義可以避免肥胖 ... 92
30. 運用睡眠科技，睡眠也能好好管理 ... 96
31. 只想宅在家？飲食與運動的關鍵在於居家穿著 ... 98
32. 健康至上才是最好的美容手段。追求符合年齡的美 ... 102
33. 往好的方面打扮得年輕一些 ... 104
34. 理解「每天走1萬步」的真正意義 ... 106
35. 戒酒好處多。成為「清醒好奇者」 ... 108
36. 維持健康才能利己利人 ... 111
37. 管理氣溫＝管理身體 省了空調費，卻多了醫藥費 ... 113

38. 家中處處擺鏡子，延長健康壽命 ———— 115

Chapter 3

理財戰略 Hacks！
讓自己一輩子都不必為錢所困

39. 運用平均成本法投資，資產可以在30年內成長8倍 ———— 118

40. 股市下跌時，正是平均成本法的「播種」機會 ———— 122

41. 投資賺錢要靠時間而非預測。訣竅是股利再投入 ———— 125

42. 鍛鍊數字的敏感度，拿捏自己一輩子不必為錢所困的額度 ———— 127

43.「花大錢就能解決問題」只是妄想 ———— 129

44. 活存不要超過必要額度，才能避免自己亂花錢 ———— 131

45. 為什麼居家環境凌亂會讓人存不到錢 ———— 133

46. 撲滅所有阻礙與延後存錢的藉口 ———— 135

47.「花錢買時間」只會浪費更多錢 ———— 137

48. 所有支出用於「投資」。
將錢花在具有正面回饋的事物上 ———— 140

49. 每天用1次以上的東西，
品質可以好一點，提升幸福度 ———— 142

50. 借錢是一種癮。當前收入不要只用來維持生活 ———— 144

51. 探討自己浪費錢的真正原因 ———— 147

Chapter 4

人際互動戰略 Hacks！
無形的資產最重要

52.「成功的 7 個習慣」之一，累積信任存款	150
53. 受人青睞的必要條件	152
54. 過度忍耐也會傷害他人	155
55. 為什麼與朋友相處是最棒的娛樂	156
56. 口出惡言的人不必深交	158
57. 愛管閒事的人也無須往來	160
58. 受到親切對待的人與遭受冷漠對待的人之間的差異	162
59. 勝間流社群活用法！主動分享資訊是幸福的泉源	164
60. 面對盛氣凌人的人，可以選擇忽視或反駁	166
61. 培養交朋友的興趣，是一種對未來的投資	168
62. 自己認為的理所當然與別人認為的不同	170
63. 不要期待他人與社會「應該怎麼樣」	172
64. 察覺「無意識偏見」可以增加自己的機會	173

Chapter 5

學習戰略 Hacks！
日日學習新知，天天提升自我

65. 一心維持現狀會使學習能力下滑 —— 178

66. 求知慾使人成長 —— 180

67. 知識讓我們得以預測未來 —— 182

68. 不要尋覓最好的答案。
　　成功是持續追求更好的過程 —— 184

69. 忘掉以前學過的東西。固執己見只會阻礙自己成長 —— 186

70. 愛面子會提高失敗的機率 —— 188

71. 過度謙虛會提高失敗的機率 —— 189

72. 自己認為對的事情，很多時候可能是錯的 —— 191

73. 玩樂正是吸收新知的學習時間 —— 193

74. 自學效率很低。只有向別人學習的百分之一～千分之一 —— 194

75. 先決定產出的目標，再設計吸收資訊的方法 —— 195

76. 內容看過就忘也無妨，
　　停止默念可提升閱讀速度 —— 196

77. 嘗試「聽書健走」 —— 198

Chapter 6

時間戰略 Hacks！
如何有效運用有限的時間

- **78.** 機會的中獎機率只有1～2成 ……… 202
- **79.** 日程表留一點空檔，才有動力嘗試新事物 ……… 204
- **80.** 拖延等於「欠下時間債」 ……… 206
- **81.** 堅持的關鍵在於與人快樂交流。踽踽獨行很難堅持到底 ……… 208
- **82.** 錢不能亂花，時間更不能浪費 ……… 210
- **83.** 採取離峰行動。避免供不應求的窘境，提高效率與舒適度 ……… 212
- **84.**「刻意偷懶」可以累積時間 ……… 214
- **85.** 不希望時間被手機剝奪，就留給自己一段不碰手機的時間 ……… 216
- **86.** 每天1000分鐘的時間預算。若壽命剩40年，也只剩下1萬4600天 ……… 218
- **87.** 從小地方開始節省，存下「未來的自由時間」 ……… 222
- **88.** 習慣提前5分鐘行動，以便應對突發狀況 ……… 224

Chapter 7
理想自我戰略Hacks！
跳脫「常識」，幸福度日

- 89. 增加金錢買不到的幸福 ······ 226
- 90. 誠實面對自己的好惡 ······ 229
- 91. 危機是提高生活品質的大好機會 ······ 231
- 92. 不要逃避面對問題 ······ 234
- 93. 培養「捷徑思維」。
  有時比起正面突破，抄捷徑能更快達成目標 ······ 236
- 94. 自信過剩對成長沒幫助。
  可以有自信，但剛好就好 ······ 238
- 95. 不必強迫自己正面思考 ······ 239
- 96. 想要過得幸福，最大的祕訣就是放棄與別人比較 ······ 240
- 97. 與其追求快感型幸福，不如增加充實型幸福 ······ 243
- 98. 人對於沒做的事情會後悔一輩子 ······ 245
- 99. 眼見的不一定是對方的一切 ······ 246
- 100. 尋找自己的最佳實踐＝尋找正確答案 ······ 249

結語 ······ 250

參考文獻 ······ 253

※本書介紹之資訊、服務、公司行號、產品名稱、匯率,皆以本書於日本出版時(2023年3月)的資訊為準,實際情況可能有所變動。

Chapter

百歲時代戰略 Hacks！
正確理解百歲時代的意涵

擁有3項「儲蓄」，年紀愈大愈幸福

我們必然會老去，身體和頭腦機能會衰退，最終難逃一死，因此應該制定一套會愈來愈好的人生計劃。只要制定出一套隨著年歲增長愈加幸福的人生計畫，讓自己能為今年又長了一歲感到喜悅，對明年再長一歲感到期待，就不會害怕年華老去，甚至還會敞開雙臂歡迎。

至於要如何實現這樣的願景？**必須仰賴3項「儲蓄」：知識的儲蓄、經驗的儲蓄，以及金錢的儲蓄。**

每個人都是從失敗中學習，逐漸累積知識和經驗，走過20歲、30歲、40歲、50歲，每個階段都變得比上一個階段的自己更好。不懂的事情和做不到的事情愈來愈少，變得更容易實現自己描繪的理想。我們平常可能會沒有意識到這些事，但當手上握有許多選擇時，直覺自然會告訴我們哪個選擇更好，哪個選擇看起來更適合。

舉例來說，這就好比將棋棋士。棋士累積愈多將棋的知識和對弈經驗，愈有辦法走出更好的一步棋。而我們隨著人生經驗和知識的累積，也愈有可能做出更加正確的選擇，減少失望、後悔與壓力。

至於金錢的儲蓄，也不是一味地節儉，還要搭配我長年推薦的平均成本法（dollar cost averaging），逐漸累積投資信託的資產（請詳見Chapter 3），以4～6%的年利率，10年內

將財產翻倍，20年成長4倍，30年成長8倍，這樣才能掙脫金錢的桎梏，隨心所欲從事自己想做的事情。想要旅行時不會因為覺得浪費錢而放棄，也不必為了錢而接下一份條件不佳的工作。隨著年齡增長，這樣的狀況會更容易實現，即使百歲時代到來也一點都不可怕。

我現在54歲，正處於這樣的心境。既然50多歲就這麼快樂了，那麼到了60多歲、70多歲，又有什麼樣的樂趣等著我？光是想像就讓我興奮極了。

青春年華終將流逝，不必看得太重

那些負面看待年歲增長的人，往往太看重年輕的好，然而年輕歲月總是一去不復返的。

話雖如此，努力維持體態和體力，保持年輕的活力仍是可能的。養成自炊為主的生活習慣、避免食用含有較多添加劑的加工食品、少吃會造成血糖迅速上升的白砂糖和白米，還可以設定智慧手錶的鬧鈴，提醒自己不要久坐。

我也有設定提醒功能，只要坐1個小時，智慧手錶就會響鈴；醫生也建議我多擺動手腳，避免身體僵硬。這些保健和預防疾病的方法，都是有賴知識、經驗和金錢的儲蓄才能做到的事情。

本書會談論諸多增加這些儲蓄的參考方法。請讀者跟著內容，嘗試描繪自己未來的人生。相信你也會自然而然變得更加積極向上。

理財、工作、健康都適用於複利效應

提到複利,讀者應該馬上會想到金融商品的利率。利率可以大致區分為單利和複利,單利是僅以本金計算利息的方式,公式為「本金×利率」。

複利則是將本金與前一年生出的利息加總後再計算利息,公式為「(本金+前一年的利息)×利率」。由於利息會再產生利息,一旦資產達到一定的水準,增長速度就會加快,無論怎麼花用也不會減少。雖然只有極少數的超富裕族群能達到這個階段,但採取平均成本法,定期定額累積投資金額,資產也能在複利效應下成倍增長。

複利效應不僅適用於金錢,**實際上,工作與家事技能的提升、人際關係、資訊收集、運動習慣也一樣,擅長某些事情的人,都善於利用複利效應提升自我**。以工作為例,我現在寫1500字的稿子只需要15~20分鐘,3000字需要30分鐘,5000字則需要約1小時。很多人聽我這麼說,都很驚訝我怎麼寫得這麼快,不過將腦中想法化為語言的行為就如同運動或遊戲,熟練之後速度自然會提升。

包含我還在公司上班時寫企業報告的經驗在內,我已經書寫了30多年。中途還愛上語音輸入的技術,更加速了複利效應,使我能夠發揮極致的工作效率,縮短工作時間。想要縮短工時,條件是要能以更少的投入量,產出與之前相同或

更多的成果，而其中的關鍵就是複利效應。

閱讀速度也一樣，書讀得愈多，速度也會愈快，獲得資訊的速度也會相對加快。由於獲得大量資訊是件愉快的事，促使你想讀更多書，進而讀得更加快速，又獲得更多資訊，形成良性循環。運動也是一樣，愈做會愈進步，而有所進步後又會想繼續做下去。

我經常走路，已經有將近10年每天走1萬步以上，我認為這種健康的習慣之所以能維持，也是複利效應的結果。因為走路可以加強肌力，而肌力增強則讓走路不再是一種負擔，於是得以走更多路。儘管天氣差的時候難免教人不想出門，但只要想到自己長期以來累積的複利效應，就會覺得此時偷懶未免太可惜，進而萌生走路的意願。

只要想像很多事情都適用於複利效應，再小的事情你也會認真對待。

避免陷入負面的複利效應

複利效應也可能產生負面的作用，酒精、香煙、賭博、信用貸款就是典型的例子。飲酒看似紓壓，實則會對肝臟造成負擔，影響睡眠品質，最終損害健康。而這又造成新的壓力，讓人喝下更多酒，形成惡性循環。吸煙、賭博和借錢也是，這些事情做得愈多，只會對自己的健康和生活造成愈多傷害。運動量不足也會形成負面的複利；因為運動量不足而感到疲倦，於是懶得活動，而懶得活動又會加劇運動量不足的狀況，導致負面的複利效應持續加強。

人際關係處理得不好的人，很可能是因為複利效應發揮

了負面的作用。隨著年紀增長，有些人的人際關係會更加豐富，有些人則益發貧乏。前者總會為他人著想，親切待人，令人感覺和他們相處起來很舒服，因此經常受邀參加各種活動。這種人會透過朋友結識新的朋友，不斷拓展自己的人脈。**正因為是「讓人想要介紹給別人認識的人」，他們的朋友才會在複利效應下不斷增加**。

後者則是那些不守信用、自我中心、言行舉止惹人不快的人，他們往往會做出一些令人不齒的事情，也因此漸漸沒人想要邀請他們參加活動。時間一久，人際關係自然愈來愈貧乏，陷入惡性循環，造就負面的複利效應。

由此可見，無論是好是壞，複利效應都在我們人生的各個方面發揮作用。請將這件事銘記在心，努力增加正面的複利，並盡量減少負面的複利，拿捏好兩者的平衡。這麼一來，就能用小小的投入，換取大大的成果，並且朝著自己期望的方向步步前進。

掌握人生的關鍵在於啟動正向的複利效應。換句話說，**掌握複利效應的人，就能掌握人生**。

工作是最棒的腦力訓練，「提早退休」的注意事項

從幾年前開始，歐美地區風行起「FIRE」（Financial Independence, Retire Early）的概念，意思是財務獨立，提早退休。這股潮流也席捲日本，引起愈來愈多人的興趣。我認為追求財務獨立（FI）是好事，但不建議提早退休（RE）。**因為人一旦停止工作，認知功能就會迅速衰退**。不僅記性會變差，額葉功能也會退化，導致視野變得狹隘，且變得易怒。

我預設自己會活到100歲，所以打算慢慢降低工作步調，盡可能做得長久一點。只要身體和頭腦還動得了，我就打算持續工作，這無非是因為工作是最棒的腦力訓練。

所謂工作，不分行業，都需要在一定的限制下，推敲各種合作對象、客戶的需求，揣摩主管的心情，思考如何盡己所能做出最大的貢獻，過程非常需要動腦。其實只要想一下就會明白，腦中只為自己所用的部分，和為了合作對象、客戶或主管所用的部分，兩者比較起來，明顯後者要用到的部分較大。雖然很多人只當工作是賺取收入的手段，但這其實也是一種鍛鍊腦力的方式。

有人可能會想，如果不是工作，而是當志工可不可以？確實，很多人退休後會選擇當志工，這對於社會來說很有意義，我自己也參與了好幾項志工活動。不過從訓練腦力的角度來看，志工活動的效果並不如工作。其中最大的影響因

素，就是能不能賺錢，即使金額再微薄也一樣。

每個人都深知賺錢有多不容易，一直以來也為了賺更多的錢，不斷思考該學習什麼、改善什麼，探討是否有類似的新產品或新服務。正因為有錢賺，我們才會不斷思考；如果賺不到錢，我們也不至於做到這個地步。換個方式說，人會以自己的工作為榮。既然牽扯到榮譽，我們自然會在無意間動腦。

工作比腦力訓練工具更有效

市面上有很多訓練腦力或預防失智症的商品，但我認為沒有一樣比工作有效。只要明白工作是訓練腦力最棒的方法，我們就不會渴望提早退休，反而會害怕太早辭職。雖然我們有時候會哀怨工作好辛苦、好想辭職，但只要想這份工作其實能訓練腦力，促進大腦活化，增加人生的活力，或許就會對工作改觀了。

當然，從事有趣又有價值的工作是最理想的狀況，但工作並不總是快樂的。不快樂的時候，不妨就單純將工作視為訓練腦力的方式。身處百歲時代，應該將工作視為一種腦力訓練，盡可能維持細水長流。這種想法不僅能減輕老年的健康疑慮，也能解決經濟上的不安。

思考什麼工作
能持續做到80歲、90歲

如果屆齡退休前好好儲蓄和投資，年老退休後的生活費自然有著落，而且還有年金可以領，應該不至於為錢所困。退休後無事可做才是問題。似乎愈認真工作到60歲或65歲的人，愈希望退而不休。

各位是否聽過有一種人，退休後連帶失去了歸屬感和存在價值，結果身心出了狀況？他們本該擺脫緊迫盯人的業績目標和繁重工作，自由自在享受自己想做的事情，結果卻事與願違，教人不勝唏噓。為避免淪落這種下場，**我建議各位現在就開始思考，什麼工作可以持續做到自己80歲、90歲。**

你可能會想，自己只是普通的上班族，沒有什麼特殊專長，根本無法從事能做到80歲、90歲的工作，但其實新冠疫情後大家逐漸習以為常的遠距工作，就是差不多的東西。換句話說，能夠在家完成的工作，就是可以做到80歲、90歲的工作。

以我為例，我目前主要的居家工作有寫作和經營YouTube頻道，這兩項工作我都有機會做到80歲、90歲。有段時期，我的扳機指（一種手指的肌腱炎）惡化，痛得我不禁擔心自己未來是不是無法再繼續敲鍵盤，但隨著語音輸入技術的發展，我認為只要自己還能說話，就可以繼續工作。考量到語音輸入功能將持續進步，即使我年紀大了愈來愈口

齒不清，應該還是有辦法寫作。

至於YouTube頻道，雖然我不確定數十年後YouTube還在不在，但我相信還是會有類似的影音網站留下來，所以我仍然可以在家創作內容，並透過這些平台分享。即使外表成了一個老太太，說話速度也變得慢吞吞的，我也相信自己隨著年紀增長，會擁有更廣闊的知識，能夠說出更有趣的內容。

年紀大之後，工作將成為生活的意義

有人一聽到要思考自己能夠做到80歲、90歲的工作，便不禁哀怨自己到底得工作到幾歲才行。但之所以產生這樣的想法，是因為你還年輕，待辦公事堆積如山。**當我們年紀大了，工作將會成為生活的意義和樂趣**。一位高齡97歲的護理師就印證了這件事，她就是2021年11月出版的《死ぬまで、働く（到死之前都要工作，暫譯）》一書的作者——池田絹女士。

絹女士從二次世界大戰之前便從事護士和保健婦，75歲時以三重縣最高齡考生的身分通過照管專員（care manager）考試，88歲開始於附帶照護服務的高齡人士住宅工作，現在每週仍有1～2天從早上開始上班。設施營運方認為，雇用能體會高齡入住者心情的員工，對於設施的風評具有很大的正面作用。

另一個好處是，由於入住者大多比絹女士年輕，看到還在工作的絹女士也會受到激勵。她甚至吸引了許多慕名而來的求職者，足見活力充沛工作的老年人堪稱一塊活招牌。而且年輕人缺乏的經驗，更成了她的一大利器。

善用科技，掌握新的需求

我有個朋友正在製作VR（virtual reality，虛擬實境）電影，聽說任何人都可以成為這部VR電影的演員。因為畫面是虛擬的，角色也採用虛擬形象，所以演員的年齡和外貌並不重要，聽起來有趣極了。雖然一定程度的演技和發聲技巧還是必要的，但除此之外也沒有其他要求了。看樣子，現在這個時代，不必年輕貌美也能當演員了。

仔細一想，YouTube上也已經有運用VR技術的VTuber了。我現在雖然還是在影片中露臉，但等到80歲或90歲時，我也可以將形象轉換為VR角色，成為VTuber。像這樣善用科技，也是長久工作的祕訣。

我想現在有很多瑜伽和皮拉提斯教練是跑工作室教學，但其實也可以考慮在家開設線上課程。跑工作室的教練大多是年輕人，**如果採線上教學，即使年紀大了也能繼續授課，而且更容易吸引同齡的顧客**。

新的需求就是這樣誕生的，所以瑜伽或皮拉提斯教練可以想一想，哪些動作即使到了80歲、90歲也能做；而教練本人也不見得要是年輕人。

在成長領域提前「播種」

當你思考自己能夠長久從事什麼工作時,也會逐漸釐清自己該朝什麼方向發展職涯。這時,**應該調查好哪些工作屬於未來會持續發展的成長領域,哪些屬於逐漸沒落的衰退領域,並朝著成長領域邁進**。每個時代的成長領域和衰退領域不盡相同,但如果能及早在成長領域「播種」並持續耕耘,就有很大的機會成為該領域的頭號人物。反之,想要在衰退領域中求生存極其困難,甚至可能徒勞無功,因此需要特別注意。

上班族也可以透過副業的形式「播種」。如果你覺得不必等到60歲或65歲退休,提早獨立才能整頓好讓自己工作到80歲、90歲的環境,那麼考慮及早獨立也是不錯的選擇。

身處瞬息萬變的局勢，追求穩定反而是一種風險

從19世紀到20世紀，再到21世紀，萬事萬物的變化速度愈來愈快。主要是因為資訊科技和能源技術的發展，以驚人的速度引領社會飆向更好的未來。在變化如此迅捷的情況下，追求穩定反而成了一種風險。因為穩定意謂著維持一定的狀態、沒有劇烈的變動，反而存在與時代脫節的風險。

穩定淪為風險的一個典型例子，就是房屋貸款。以前，貸款30年買房完全不是問題，但現在，定期支出固定金額整整30年反倒成了生活中的一種風險。因為買房之後，可能還會出現更好的房屋，價格卻更便宜；或是自己找到更好的工作而不得不搬家，在這種情況下，動不了的房屋等於是一種風險。

此外，利率也是一個問題。很多人傾向選擇固定利率貸款，因為看起來比機動利率划算，但隨著時代的變遷，利率可能下降，導致當初貸款的固定利率變得比較高。反而一般人認為風險較高的機動利率，因為利率計算時間較短，數字比長期利率低，結果更為划算。由此可見，**我們往往認為固定的東西安全，變動的東西危險，但在瞬息萬變的現代社會則恰恰相反，固定的東西反而是一種風險。**

工作技能與人際關係僵化招致的悲劇

穩定淪為風險的最好例子,就是長久待在同一家公司。長期任職於同一間公司,將導致工作技能與人際關係僵化,使你恐懼挑戰自我,不願換工作或獨立創業,導致能力持續下滑。這正是現在許多40多歲、50多歲男性面臨的悲劇現象。他們可能認為自己已經盡力而為,但由於技能僵化,自身的工作能力已經無法匹配薪水,公司也不知道該拿這些人員怎麼辦。

相較之下,女性因為更有可能以派遣員工或兼職、短時數計時人員的身分工作,流動性較高,能夠學習各種技能,也能磨練溝通能力。這使得女性能發光發熱的職場和在人才市場上的需求都有所增加,未來也會持續增長。

我很喜歡利用女裝訂閱服務airCloset租借各種衣物,因為購買衣物本身就是一種風險。時尚流行的問題就不用說了,自己的體型和喜好也會改變,甚至連住的地方也可能變動,擁有太多衣物只會增加搬家的勞力和成本。

為避免陷入這樣的窘境,請各位務必養成新的觀念,刻意讓事物處於流動的狀態,才能減少風險。同時,也建議調整觀念和心態,確保自己有辦法承受變化。

LIFE HACK 06

萬事皆有風險。應將風險控制於可以管理的範圍內

無風險（risk-free）原本是金融證券術語，指稱本金有保障、穩賺不賠的安全資產，例如長期國債。後來衍生出其他用法，廣泛用於形容一件事物「不會造成損失或危害」、「不冒險」。

大家都希望將所有事情的風險歸零，只獲得回報。但很遺憾，無論是自然現象，還是我們的生命、健康、金錢、住居、飲食、工作，都不可能完全排除風險。認識到這一點後，我將「無風險」重新定義為：**將風險降至最小限度，控制在能自力管理範圍之內的狀態。**

舉個簡單的例子，追求汽車的安全性能就可以達到無風險的狀態。駕車本身並非毫無風險，我自己也會開車，車輛故障或交通意外的風險始終相隨。儘管無法完全排除，但為了將風險降至最小，我選擇駕駛配備360度防撞煞車系統的汽車，盡量防範事故於未然。

有一次我在中央高速公路上，前車突然緊急剎車，後來才知道是前車的前方發生了車禍。幸好我的車有自動剎車系統，及時停了下來，而我後方的車輛可能也裝有自動剎車系統，才避免了後續衝撞。

有些人可能認為碰上車禍是很大的風險，因此選擇不開車。但是對那些想要開車，或車子是生活必需品的人來說，

選擇一輛安全性高一點的車子，就能達到無風險的狀態。只要釐清自己的願望和目的，自然會明白如何將風險降到最低。

將錢存入銀行和在公司上班都不是毫無風險

許多人認為將錢存入銀行就能存到錢，也有人定期提繳個人年金。這些方法的本金不會減少，就這層意義上來說確實無風險。但是照這樣儲蓄再多年，錢也不會大幅增加，即使增加也是微乎其微。

許多人要等到退休後開始領取年金時，才面臨年金一點都沒有增加的現實。他們以年金名義累積的金額，粗算下來甚至不到收入的四分之一，本金幾乎沒有增長。萬一準備開始仰賴年金生活，卻發現收入只有工作時薪水的四分之一不到，那麼生活將難以為繼。換句話說，這樣存錢完全不是無風險的做法。

我長年下來像唸咒一樣不斷提倡運用「平均成本法」定期定額投資（請詳見 Chapter 3），因為在資本主義不崩潰的前提下，這種方法能以最小的風險增加資產。

此外，我也一直呼籲大家千萬別從事完全依賴公司的工作，因為這也絕非無風險的選擇。作為受雇的員工，工作必然會受到公司業績好壞和上司評價的影響，這些都是自己無法控管的風險。從某種意義上說，這正好是與無風險狀態完全相反的環境。

當然，即使是獨立創業，也會面臨工作暫時減少、收入下降等風險，但起碼能夠自行評估成本效益，決定如何賺錢。而且沒有第三方的干預，獲得的評價也比較公正。以我

的印象來說，這種情況更接近無風險的狀態。

LIFE HACK 07

培養接受
不確定性的能力

　　人類天生喜歡事情非黑即白，傾向尋求唯一的答案或解決方案。當我們為錢或工作所困，或是人際關係有糾紛、健康方面有疑慮時，這種傾向會更明顯，使我們更容易聽信可疑人士的花言巧語，受騙上當。為避免發生這種事情，請各位務必養成一個觀念：許多事情其實很抽象，沒辦法輕易得出答案。

　　這種接受不確定性的能力，稱作**「負極能力」**（negative capability）。意思是暫且接受困境或不安情緒，並在這種情況下尋找可行作為的心態。我們身處於瞬息萬變的現代社會，常常被迫迅速做出決策，但這未免淪為「急於求成」的行為。搞不好我們慢慢處理一件事情的能力已經退化了⋯⋯首先，我們應當了解，困難與不安並沒有那麼容易解決。

　　例如，真正的好醫生在診斷病情時，通常只會說出模稜兩可的話。他們不會斷言「一定會治好」或「一定會好轉」。因為經驗豐富的醫生，接觸過各式各樣一言難盡的案例，深知所有事情都是流動且不確定的。雖然站在患者的角度，總是希望醫生明告訴我們吃這種藥就會治好、動這場手術就會好轉，但這樣信口開河的醫生反而不見得能信任。

人生的一切基本上都是懸而未決

比特幣、以太坊（Ethereum）等加密資產（虛擬貨幣）也充滿不確定性。加密資產是網路上具有交易價值的資產，並非國家或中央銀行發行的法定貨幣，而且價值經常因為使用者的供需關係等因素劇烈浮動，詐騙案件也層出不窮，使用上必須再三小心。

基於這些狀況，我認為加密資產目前只能用於投機性較高的短線交易。假如未來相關條件成熟，或許會出現適合透過長線交易獲利的投資項目，但容我再次聲明，現階段的加密資產不是值得推薦的投資項目。不過同樣是無法定論黑白好壞的案例之一。

雖然將所有事情區分得黑白分明並加以解決很痛快，但這是不可能的。因此，**最好告訴自己人生的一切基本上都是懸而未決，沒有事情是非黑即白**。面對沒有著落的事情，一旦耐不住性子，急著想要解決，就很容易導致行動過於倉促。簡而言之，欲速則不達。

急於解決問題，可能會害自己做出錯誤的決定。因此，肯定懸而未決的狀態，思考自己在這種狀態下能做的事情，才能從容應對，得到更好的結果。

LIFE HACK 08

人之所以容易受騙，是因為相信的成本比較低

　　轉帳詐騙、假帳單詐騙之類的詐騙案至今依然層出不窮，不過我們又為什麼會遭到詐騙、上壞人的當？**這是因為人類天生傾向於相信他人的善意。**

　　比方說，我們購買食品時，沒事不會懷疑包裝上的資訊，比如保存期限是不是真的、原料真的不含麵粉嗎？因為社會上有95%的人不會騙人，因此我們相信別人也是很自然的事情。此外，相信他人而行動的成本，遠低於一直懷疑他人的成本。因此，我們這些傾向相信別人的人，才在生存競爭中存活了下來。如果我們三不五時懷疑別人，行動就會變得遲緩；而且太多疑也可能導致自己連可以信任的人都不願意相信，進而破壞人際關係。

　　不過，這種基本上信任他人的天性，也使得我們有一定的機率受騙上當。正如前面所述，社會上約有95%的人不會騙人，但剩下的那5%可就會了。我們必須警惕那些明顯缺乏愛心和同理心的心理病態者，還有那些擁有反社會人格，欠缺良心、能毫不猶豫做出反社會舉動的人。這些人在騙人時根本不會有絲毫的內疚。

　　這裡有兩個重點幫助我們警惕這些人：第一，記住社會上有5%的人可以毫無所謂地騙人，與他人初次見面或親近的過程中，**習慣去試探對方屬於那95%誠實不會欺騙的人，還**

是那5%可能會說謊的人。

另一個重點是，**觀察對方的實際表現**，看看對方是否誠實、信守承諾、會不會為他人著想。如果這些表現上都沒有可疑之處，那麼就可以判斷對方不會騙人。至於那些會說謊、不守信用、缺乏同理心的人，自然可以判斷不值得相信。

愈相信自己不會被騙的人愈容易被騙

在生存競爭中脫穎而出的人，往往是那些傾向於信任他人的人，因此請各位有所自覺：我們都有受騙上當的可能。愈相信自己不會被騙的人，反而愈容易被騙。因為他們不願意了解受騙的風險。

雖然我們要知道自己有可能受騙上當，但並不等於需要時常懷疑他人。與人打交道時，只要遵守前述兩點注意事項就不必過度緊張。即使不確定對方值不值得信任，也可以選擇先相信，萬一遇到你覺得有待商榷的狀況，再改變態度也沒關係。某方面來說，就是在自己會受騙的前提下建立人際關係網絡。這麼一來，即使受騙也可以將損失和心理打擊降到最低。

再次強調，雖然社會上絕大多數人都不會騙人，但還是有5%左右的人不是這樣。也許有人會想，既然只有5%的人會騙人，又何必警戒成這樣？會有這種想法就是因為我們天生傾向於相信他人。所以為避免自己淪為詐騙的受害者，**千萬不要忘記還有5%的風險存在**。

Chapter 1

新工作型態戰略 Hacks！
符合自身特質的工作

LIFE HACK 09

工作是最強的抗衰老手段

工作最大的目的是賺取金錢報酬。我們發揮自己的能力，滿足市場、客戶、上司的需求，藉此換取酬勞。只有創作者等少數職業從接案到交件都是一人作業，大部分的工作還是需要與人交談、互動才有辦法進行。為了取得更好的成果，必須不斷溝通，而**與人溝通的保健效果，在百歲時代可能會成為工作的一大目的**。

首先，說話這項行為，會同時將聲音和空氣吐出，而一口氣吐完，自然會再吸氣，於是有效改善呼吸短淺的問題。此外，說話時不只會動到嘴巴，還會動到臉頰、眼睛、眉毛，可以訓練表情肌，預防顏面鬆弛和皺紋。

再者，在溝通的過程中，我們會想像客戶或上司的需求、他們想要看到什麼樣的成果。我在 Chapter 0 談過，這是再好不過的腦力訓練，也是一種鍛鍊後設認知（metacognition）的方式。

後設認知是一種綜觀自己與對方行為、情感、想法，以客觀角度理解並加以控制的現象。隨著年齡增長，我們的記性可能變差，腦袋也會老化，不過據說鍛鍊後設認知可以促進腦部年輕化。

想要抗衰老，當然也少不了運動與妥善管理的飲食和睡眠，不過**有辦法同時鍛鍊溝通能力與後設認知的行為，換句**

話說，能完美抗衰老的手段，就只有工作。而且工作還能賺取報酬，維持成就感。如果有人現在已經開始思考自己要工作到幾歲，我建議能做多久就做多久。

家庭主婦（主夫）的工作同樣可以鍛鍊後設認知

年金請領年齡提高已經成了日本社會的一大問題。儘管我們希望阻止這項決策，但這到頭來恐怕也是不得已的事情。那麼也只能退而求其次，寄望政府消除社會對高齡人士的歧視，大力打造高齡人士也能自在工作的環境。這麼一來，長久工作將成為常態，即使年金請領年齡提高，生活也不會無以為繼。

未來60歲或65歲的人，給人的感覺大概會和現在52～53歲的人差不多。因為隨著醫療研究和技術的進步，不難料想人的外在和內在都將年輕化。

有些人可能是家庭主婦（主夫），工作就是照顧家人，而**照顧他人也需要想像對方的需求，因此同樣能鍛鍊後設認知**。雖然你有時候可能會氣自己付出這麼多卻沒有人感謝自己，但不妨轉個念，將這些事情視為抗衰老的手段，或許就能平息怒火了。

LIFE HACK 10

取得工作精神與金錢報酬之間的平衡

我年過50之後，發現身邊有許多人的主要收入來源從主動收入轉換成被動收入，包含不動產收入和金融資產增值產生的利益。很令人羨慕對吧？然而，他們卻異口同聲表示「主動收入比較快樂」。

這究竟是為什麼？因為主動收入可以讓人感受到自己對社會的貢獻。藉由製造、提供產品或服務帶給顧客喜悅，從中獲得成就感。被動收入則沒有這種成就感；不動產的收入會受到不動產市場的影響，金融資產則取決於美國股市行情等因素，都和自己是否做了什麼、付出多少努力無關。

當然，他們為了賺錢，不斷蒐集各種資訊。然而，他們也坦言，即使透過這種方式賺進大筆金錢，仍無法體會主動收入所帶來的樂趣與滿足感。換句話說，**雖然金錢報酬較高的是被動收入，但精神報酬較高的，仍是可以感受到自身貢獻的主動收入。**

每個行業的金錢報酬與精神報酬都不一樣。相信大家對某些行業的收入高低都有一些概念，像我過去當上班族時，一直待在金融業，而金融業的薪資還挺高的。為什麼金融業的薪資很高，從我個人的觀點來看，是因為金融業不僅業界本身賺錢，工作內容比起其他提供產品或服務的工作，精神報酬較低。那些製造產品或提供服務的工作精神報酬較高，

即使金錢報酬低,大家仍願意就業。但金融業的精神報酬很低,所以才需要提供較高的金錢報酬吸引人才。

尋找自己最佳的平衡點

當然,精神報酬與金錢報酬孰輕孰重不是重點,重點是如何取得兩者的平衡。

我像這樣出版著作,在YouTube上發布影片,也收穫不少令人開心的回饋,比如有些人說多虧有我,他們找到了理想的工作、獨立創業,或順利增加了資產,這些就是我的精神報酬,能激發我繼續做這些工作的動力。但平心而論,如果沒有金錢報酬,我可能也不會如此積極地設法讓他人感到滿意。

精神報酬與金錢報酬的平衡點因人而異。有些人比起金錢,更追求成就感,而有些人的理想則剛好相反,兩者不會是均等的狀態。請讀者藉機思考一下,自己的最佳平衡點在哪裡。如果你對目前的工作不滿意,很可能是因為兩者失衡了。如果有辦法重新找回平衡,請試試看。如果沒辦法,考慮換個職位、換份工作,或是獨立創業也不失為一種好選擇。

而既無金錢報酬也無精神報酬的工作,連考慮都不用考慮;只有其中一種報酬的工作也很難長久維持。再者,只有一方的報酬增加也可能打破平衡。因此,**各位不僅要找到自己的最佳平衡,也要思考如何增加這兩種報酬**。

LIFE HACK 11

工作時間短也能拿出成果的2個訣竅

我每週工作5～7天,但每天盡量不超過3小時。少的時候只工作30分鐘,長的時候則4～5個小時。平均下來,我每天的工作時間約為1小時～1個半小時。考量到我現在的工作量並不比過去上班時少,我也不禁感慨,以前在公司到底做了多少沒必要的內部雜務。

隨著新冠疫情爆發,遠端工作普及,我想許多人也有同樣的感受吧?但也有人擺脫時間的束縛後,反而會工作過度。因此,我想分享短工時也能拿出成果的訣竅。**我的訣竅有2個,第一是適可而止,第二是充分利用科技。**

首先談談「適可而止」。世上的工作包含了大量「以防萬一的準備」,有人稱之為「未雨綢繆」。例如製作會議或發表用的資料時,其實只需要一兩張投影片,很多人卻為求保險,東補西湊了一堆內容,最後做出了多達數十張投影片的簡報。在開發產品或服務的過程中,容易不自覺地覺得這個也需要、那個也需要,不斷加入各種要素,結果讓產品或服務顯得冗贅繁瑣。然而,消費者實際上可能只需要其中一兩個關鍵功能,使得產品與消費者需求脫節。

為避免上述情況發生,我們應該改變做法,**先做真正需要做的事情,後續有什麼不夠的再補充**,這樣就能大幅減少工作時間。

工作時間長的人，太少運用科技

第二個訣竅是「充分利用科技」。人力能及的事情有限，所以應該善用科技。

我剛畢業，開始做會計師的那個年代，還不見得人人都有一台電腦。帳簿也都要用手寫，再按計算機驗算。後來我轉行做證券分析師，製作各種報告時也是一股腦兒敲鍵盤，因為當時還沒有語音輸入的技術。

然而，如今電腦瞬間就能算好數字，語音輸入技術也有了進步，愈來愈多事情不需要一一留下文本紀錄。我不禁想，世界真的不一樣了。

我現在會錄製自己談話的影片上傳至YouTube，假如我是親自與一個又一個人面對面交談，不僅傷喉嚨，而且即使花上一整年也無法超過影片的觀看人數。影片只要拍好上傳，一次就可以讓成千上萬人觀看，結果就是我得以縮短工作時間。

如果你覺得自己的工時總是很長，可能是因為太少運用科技。**大部分的工作，都可以利用科技縮短工時**。工作時間長，也不代表成品的品質會更好。既然如此，我們應該採取能在短時間內完成工作的方法，將剩餘的時間用於自己喜歡的事物或自我實現。實際上，許多事情都能利用科技提高準確度與品質。

勞動生產力提高會催生出新的工作？

科技的進步大幅提高了人類的勞動生產力。但你是否曾

經質疑,既然生產力提高了,為什麼勞工沒有拿到多出來的錢?答案有2個,一是因為這些錢流到了資本家手裡;這你可能已經猜到了。但第二個答案就值得玩味了:**因為勞動生產力提高,工時縮短後,人往往會創造出新的工作,而又降低了勞動生產力**。

因為人們並不想改變一直以來的8小時工作制。很多人可能會想:我們公司就是這樣。但這種心態並不限於組織,人類天生就是一種抗拒改變的生物,所以很有可能是我們無意間選擇了這樣的做法。有些人甚至會對縮減工時感到內疚;如果因為這樣又攬上新的工作,無論過了多久都無法縮短工作時間,甚至可能陷入惡性循環,不斷增加「以防萬一的準備」,一再超出工作真正需要的限度。

想要縮短工時,請記住2件事情:工作要適可而止,且充分利用科技。只要遵守這2點,一定能減少工作時間。科技進步使勞動生產力提高,勞動時間縮短,這無疑是最自然的發展趨勢。

LIFE HACK 12

不做對客戶和市場沒有貢獻的工作

我待過麥肯錫管理顧問公司，擔任各行各業大小公司的管理顧問。我很驚訝，許多公司的工作內容約有三分之二都無法為客戶創造價值，也無法為市場做出貢獻。真正有價值的工作僅占整體的三分之一，其餘淨是公司內部的雜務，諸如開不必要的會議、做資料、打點人脈。有些公司甚至陷入一種弔詭的狀態：只因為聘了員工，所以不得不創造一些差事給他們做。

企業規模愈大，這種傾向可能愈嚴重。縱使只有部分大企業如此，不過仔細一想，通常大企業的商品或服務價格之所以較高，恐怕就是因為成本耗在那三分之二公司內部的雜務上了。

反之，新創公司在成長的過程尚未出現這些內部雜務，所以更容易提供物美價廉的商品或服務，其附加價值能直接連結客戶或消費者。但隨著新創公司規模擴大，也可能陷入內部雜務增加，為了員工刻意創造差事的情況，結果導致大家擺脫不了長工時的窘境……

部分研究指出，**如果人只做對客戶或市場有貢獻的工作，每週只需要工作12～15小時**。現在每人每週的工時是40個小時（每天8小時×5天），說明我們花了超過2倍以上的時間在一些徒勞的事情上。

如果你在組織中握有決策權,請重新審視自己的工作,想想工作內容是否對客戶或市場有貢獻,或是否對社會的未來、對肩負未來的下一代有益。如果你不在這樣的位子上,但也想擺脫長工時的狀態,我建議可以換工作或創業。

思考客戶真正需要的價值是什麼

我認為獨立創業的一個好處是,我完全不需要做任何無法為客戶創造價值,或對市場毫無貢獻的工作。

例如,我經營YouTube頻道不會花費多餘的時間和金錢。常有人私訊詢問我「要不要外包影片剪輯,一部5000日圓」,但我一律忽視。因為我不認為交給業者剪輯影片,添加背景音樂和字卡對觀眾來說有價值,或對市場有所貢獻。不如我自己趕快拍一拍,趕快上傳,還能夠提供更多資訊,這樣反而更有價值。喜歡看我影片的觀眾,比起畫質,應該更注重資訊的品質和分量。

雖然請人剪輯,看起來會更像大家常看到的那種YouTube影片,但這不一定能給予觀眾或市場更多價值。而且委外剪輯,我還得檢查成品,拉長我的工作時間,這樣反而違背了我原本的目的。因此,我判斷自己沒有委外剪輯影片的必要。

LIFE HACK 13

Workation！
好好享受度假，
偶爾做點工作

　　各位聽說過**「Workation」**嗎？這個詞結合了work（工作）與vacation（度假），意思是度假期間偶爾做點工作。還有一個類似的詞「Bleisure」，結合了business（商務）與leisure（休閒），意思是出差時延長滯留當地的時間，享受休閒活動。

　　兩者都是兼顧遠距工作、身心健康以及生產力的工作方式，概念也逐漸普及，相信有人已經嘗試過了。日本觀光廳將這種概念定位為「旅遊新型態」並加以推廣；目前像日本航空、日本聯合利華（Unilever Japan）、日本微軟、Lancers、JTB等公司也開始引進、提倡這種工作型態。

　　去年黃金週假期後半段，我也到輕井澤住了四晚，白天打打高爾夫，騎騎摩托車，早上和晚上則線上受訪、寫作。

　　重點是不要工作歸工作、娛樂歸娛樂，而是創造一個融合兩者、同時享受的環境。有人可能會覺得難得出去玩，還要帶上工作未免掃興，但工作其實是很好的調劑。各位是否曾在長假期間玩個不停，中途卻覺得膩了，樂趣減半？我相信工作愈勤奮的人愈可能有這種經驗；而消除這種感覺的方法，就是不時做點工作。尤其是一大早處理完工作後再玩，那種感覺更是無與倫比。

　　我想有些人的工作性質可能沒辦法Workation，但許多大

家以往認為無法遠端處理的工作，新冠疫情之後也變得有辦法了。基於這一點，我認為還是很值得試試看。

我喜歡「**溫泉Workation**」。泡完溫泉後做點工作，然後再泡溫泉，重複這樣的過程。溫泉勝地能從事的活動有限，其實還滿容易無聊的，如果有工作做反而能適時轉換一下心情。最近的溫泉旅館都有安裝Wi-Fi，所以處理工作也沒有任何問題。

我個人認為，這有機會成為一種新的溫泉療養風格。已經有很多人研究為什麼泡溫泉可以治癒疾病，簡單來說，是因為溫泉能提高身體自癒的能力。我最近開始出現「網球肘」（又名四十肘）的症狀，而我喜歡溫泉Workation的原因之一，也是因為想稍微改善這個症狀。

不過豪華溫泉旅館供應的餐點通常太豪華，很容易吃膩。我建議選擇不含餐的住宿方案，或是提供溫泉療養餐等餐點較為樸實的旅館。

繁忙的都市工作會使大腦和身體退化

有一項概念叫「大自然治癒力」（Nature Fix），意思是大自然可以修復、療癒人的身心。科學已經證實，人需要身處綠意盎然的自然環境，否則身心會出狀況。佛羅倫絲・威廉斯（Florence Williams）撰寫的《大自然治癒力：更健康・更快樂・更有創造力的身心靈自然療癒》，詳細描述了森林浴和健行等接觸大自然活動對大腦的益處。據說觀賞自然風景可以提升腦波中的 α 波，具有放鬆的效果。而且在大自然中散步還能減少16%的「壓力荷爾蒙」皮質醇（cortisol），血

壓也會下降1.9%，心率則會降低4%。

忙碌的都市生活使人積累壓力，可能導致大腦功能和體力下降。我也住在東京，所以必須提醒自己多接觸大自然，否則一直身處水泥叢林，身為動物的感官也會變得遲鈍。話雖如此，我也不可能成天遊山玩水，因此Workation就成了最好的答案。

定期走進大自然，白天沐浴在綠意中清新一下，早晚則用來處理工作。**這麼一來，工作也不會在休假時堆積，可以避免放假回來後還要趕工作**，而且一年四季都能夠像這樣邊旅行、邊工作。

LIFE HACK 14

從事市場價值會隨著年歲增長而提升的工作

分享一項非常知名的資料。2015年，日本野村綜合研究所與英國牛津大學共同研究，推算出10年後或20年後，也就是2025年至2035年，日本49％的勞動人口在技術上將可能被AI或機器人取代。美國的比例為47％，與日本相近；英國則為35％。

研究結果顯示，性質較單純的勞動和總務等不必具備特殊知識或技術的職業，以及需要分析數據與遵照一定秩序、一套體系做事的審計工作，都很有可能被AI取代。除此之外，我認為語言翻譯和記憶等技術能力也一定會被取代。

選擇不會被取代的工作，應該是百歲時代的基本工作觀念。除此之外，選擇年紀愈大愈有優勢的工作也很重要。

例如壽司或蕎麥麵，如果是由60、70幾歲的老師傅製作，感覺會比20、30幾歲的年輕師傅做的還好吃。儘管實際上未必如此，但外界一般會認為從事這些工作的人年紀愈大愈吃香。如果當事人也付出相對的努力磨練技術，還能建立自信，提高自己的內在分數。讓自己的市場價值隨著年歲增長而持續提升。

演員或藝人也分成2種，一種是面容姣好、身材出眾，但只有年輕時受歡迎的人；另一種則是隨著年紀增長愈來愈有韻味，工作源源不絕的人。百歲時代，我們應該以後者為

目標。**重點是掌握別人學不來的個人特技，提升自己的不可取代性。畢竟當我們年紀大了，可沒辦法用年輕人也會的事情跟他們競爭**。這在各行各業都適用；提升個人的不可取代性，年齡愈大自然收入愈高，工作時間也更容易縮短。避免從事那些年輕人來做更有價值的工作才是明智之舉。

什麼工作年紀愈大愈有優勢？答案只能靠自己尋找

我是個寫作的人，這一行的評價全看寫出來的東西，不會因為外表和年齡受到歧視。無論年紀多大都能寫作，販賣作品，而且經驗還會複利成長，因此年紀愈大，技術愈純熟，寫作速度也會愈快。換句話說，這是一項年紀會成為優勢的工作。請各位好好想想，年紀對自己的工作來說是不是一種優勢。

有人會說，我自己想怎麼知道，請具體告訴我該做什麼。**可是每個人的才能、性格、經驗、想法、外貌都不一樣，所以沒有人能替別人回答這個問題**。請從年齡增長能否提升市場價值的角度，重新審視自己的職涯，思考未來的發展。相信各位想出5、6種可能後，就能逐漸篩選出適合自己的選項。

LIFE HACK 15

盡可能多賺與工作時間不成比例的收入

　　百歲時代有一項關於工作的重要課題，那就是盡早創造與工作時間不成比例的收入。

　　與工作時間成比例的收入也稱作定額報酬，最簡單的例子就是按時薪或日薪計酬的工作。領月薪的上班族，無論正職或約聘，僱傭合約上都包含每天工作特定時數的義務，因此這種收入與工作時間成一定的比例。從事這類工作，想賺更多錢就只能延長工時。然而人的體力和精力只會逐年衰退，結果就是中壯年或老年時陷入經濟拮据的窘境。

　　另一種與工作時間不成比例的收入則稱作成果報酬，常見的例子如YouTube、部落格、note等內容創作的收入。過去，僅有電視台、出版社等傳播媒體，或音樂家、畫家、小說家等專業人士可以創作內容，但隨著上述平台問世，一般人也可以自由地發布內容。

　　同時，由於人們的興趣趨於多樣化，如今不再只有娛樂類、資訊類、愛好、技術分享等內容受歡迎，還有上班族男女的日常生活、追星活動、減肥、對抗病症的生活紀錄等等，五花八門。**換句話說，就算自己沒有特殊技能，只要創作的內容能滿足許多人的需求，被許多人看見，就有可能賺取龐大的收入**。

　　金融商品的資本利得和利息也是與工作時間不成比例的

收入。雖然什麼時候購買什麼樣的金融商品，又購買多少，都是自己決定的事情，但這並不算工作。

出書的稿費和版稅也是與勞動時間不成比例的收入。以我為例，寫一本書大約需要1個月的時間，不暢銷的作品只能賣出約5000本，暢銷的則能賣到10萬或20萬本。我同樣花1個月的時間寫書，但賣5000本的作品和賣20萬本的作品，收入就差了40倍。換句話說，出書的收入與投入的工作時間並不成比例。

從失敗中學習並累積技能

我現在沒有從事任何按時或按日計酬的工作。嚴格來說，除非真的拒絕不了，否則原則上我都會推掉這類工作。我以前會接2小時的演講或上電視採訪1小時之類的工作，但後來覺得繼續做這種工作也沒有未來，所以就不接了。

出書和上傳YouTube影片也不是每一次都有不錯的結果，**但我們可以從失敗中學習並累積技能**，埋下後續創作內容為我們賺進數十萬、數百萬日圓的可能。我認為，將精力投入這些有潛力的事物，更有機會增加與工作時間不成比例的收入，也比較有未來。

與工作時間不成比例的收入增加，也有助於縮短工時。多出來的時間可以拿來投資自己，進一步增加這類收入。

LIFE HACK 16
從定額報酬型收入階段性轉換為成果報酬型收入

當我談到收入結構要從定額報酬型轉換為成果報酬型時,總有人會說,只有能力好的人才有辦法從事成果報酬型的工作,一般上班族根本辦不到。

如果抱著這種想法,毫無作為,那確實辦不到。這話說得比較重,但任何事情都一樣,唯有思考後付諸行動才可能達成理想。別打從一開始就認定不可能而畫地自限,應該好好想想**該往什麼方向前進才能從事成果報酬型工作,並獲得足夠的收入**。

以追求內心安穩的角度來看,定額報酬型工作確實很吸引人。雖然工時長、報酬不高,但收入穩定,這一點相當有吸引力,也因此很多人認為一直從事定額報酬型工作比較好。然而,這種觀念如今——甚至早就落伍了。

終身雇用制度早已成為神話,隨著實力至上主義的思潮普及,愈來愈多人選擇提早退休或獨立創業。上班族從事副業或兼職也成為社會的常態,遠程辦公和Workation等多元化的工作型態也持續發展。可以預見這些變化將繼續加速,維持現狀的風險將愈來愈高。

不過,確實只有能力很好的人,才有辦法大學一畢業就享受成果報酬型的工作型態。大多數人畢業後還是會先從事領月薪的定額報酬型工作,再階段性轉向成果報酬型。有些

公司雖然基本上是固定薪資制，但還會發放績效獎金，這也是一種成果報酬。我30幾歲時待的公司就是這樣，當時的經驗也促使我逐漸將自己的工作型態轉型為成果報酬型。

先從績效獎金開始賺取成果報酬型收入

我是從擔任管理顧問的時候，開始慢慢將收入型態轉型為成果報酬型。當時我的績效獎金逐漸增加，後來當我轉行證券分析師時，績效獎金甚至達到月薪的3倍左右。

如果你目前有換工作的打算，我建議選擇有績效獎金制度的公司。而考慮創業的人，必須做好起初的工作時間比上班時還要長的心理準備。

我剛離開公司時也是這樣，隨著自己慢慢做出成績，顧客也慢慢增加，一天的工作時間從12小時縮減至10小時，再縮短至8小時、6小時、4小時，現在最少只需要3小時就能完成工作。同樣是成果報酬，我花的時間比以前更少，賺錢的效率更高了。

即使目前沒有打算換工作或創業的人，也應該制定一套為期數年的轉型計畫。如果你還年輕，將現在的工作想成積累經驗，暫且從事定額報酬型工作也是一種想法。但請下定決心訂立一個期限，3年內轉換跑道從事成果報酬型工作。日本有句俗諺：「石上坐三年」（石の上にも三年），原意為再冰冷的石頭，坐了三年也會暖起來，比喻有志者事竟成。雖然這句話常被拿來奚落沒毅力堅持做同一件事情的人，但人生苦短，不必理會這種譏諷。**累積經驗的期間不超過3年才是明智的選擇。**

LIFE HACK 17

家庭主婦更應該創業。
花時間讓收入翻倍成長

最近,常有YouTube的觀眾問我,家庭主婦如何重新進入職場,恢復收入?這類問題之所以增加,恐怕是因為即使丈夫在上市公司上班,薪水也不會調漲,偏偏物價節節高升,再加上擔心丈夫被裁員,或被調往子公司,薪水打7折的狀況發生。

此外,孩子的學費也年年上漲。即使讀國立大學,每年也要花費約莫60萬～70萬日圓。如果還要住宿,那就更花錢了。假設一家三口的小家庭,丈夫年收入1千萬日圓,月淨收入為40萬～50萬日圓,名下有車,每月需要支付房租或房貸,還要付孩子的學費和住宿費,那麼經濟狀況將相當吃緊,沒有多餘的錢可以存下來;甚至有不少人還入不敷出,不得不動用積蓄填補生活費。

長期處在這種情況下,當然會感到不安。想要改善這種情況,我建議各位家庭主婦增加自己每個月的收入,3000日圓、5000日圓都好,不管金額多小,都要慢慢增加。

很多人可能覺得,為了區區3000或5000日圓勞心勞力很愚蠢,**但我還是認為應該開始創作YouTube、部落格內容賺取收入,或利用拍賣網站出售用不到的物品,甚至將手工作品上架電商平台**。一開始總是需要摸索,得花一段時間才能賺到滿意的金額,不過成功讓收入翻倍成長的家庭主婦大

有人在。家庭主婦的強項,就是有辦法投入大把時間,而這也是其他人沒有的優勢。事實上,我身邊就有很多人不只創作內容或販售物品,還從事到府美甲服務和紅茶銷售。

只當夢想是夢想,永遠不可能實現

家庭主婦的生活費基本上來自丈夫的收入。也就是說,她們擁有紮實的經濟基礎,有一定的風險承擔能力,因此家庭主婦其實很適合創業。

既然無需擔心收入不足以維持生活,就不必選擇計時工作,而應投入未來收入能倍增成長的事業。目前,日本的平均最低時薪接近 1000 日圓,若想賺取 5000 日圓,最直接的方法就是工作 5 個多小時。然而,這種做法不僅壓縮了個人時間,還可能影響家務與育兒的平衡,進而導致夫妻間的摩擦。儘管你的初衷是為了家庭與家計著想,但最終卻可能落得事與願違,得不償失。

創業初期的收入可能還不到 3000 日圓,甚至僅有 1000 或 2000 日圓。**但請保持耐心,花 2~3 年、4~5 年逐步提升收入,達到自己滿意的水準**。隨著時間推移,這份收入將逐漸增加至 4000 日圓、8000 日圓、1 萬 6000 日圓,最終甚至突破 10 萬、20 萬日圓。

如果你覺得事情哪有想的這麼美,那麼你永遠也不可能實現。總之,先嘗試利用二手交易平台或電商網站賣點東西。當你賣出第一件商品時,你將開心得手無足蹈,而這樣的成功經驗,也會促使你開始思考如何提高賺錢的效率。

LIFE HACK 18

厭倦是技術成熟的信號。對一件事情厭倦時，就是開始賺錢的時機

人類天生喜新厭舊，這種傾向稱作新奇探索性（novelty seeking）。儘管探索新事物伴隨著風險，人們也不會太在意，反而會滿心期待、雀躍不已地挑戰。

這無非是因為大腦有一套獎勵機制，會分泌一種叫多巴胺（dopamine）的激素，讓人面對新事物時感到樂趣無窮。但經驗不足的情況下，挑戰新事物的成果當然也好不到哪裡去。或許可以說，挑戰新事物的有趣之處，在於那是一種自己習得技能的表徵。

相較之下，**當你對自己做了幾十年的某件事情開始感到厭倦，那就是你技術成熟、經驗老道的信號**。即使你不特別用心，邊哼歌邊做事，還是能做出很棒的結果，所以你可能會覺得很無聊。然而，對於需要這種技能的人來說，你的價值非凡。因此，對一件事情厭倦的時候，反而是開始賺錢的時機。

以我為例，寫作和演講，這兩件事情我已經做了大約30年，所以從中感覺不到什麼激動、興奮或快樂。我反而覺得打高爾夫球比較有趣；我從42歲開始打高爾夫球，現在已經過了12年，每週打1～2個回合的比賽，練習則是每週1次。高爾夫球占據了我生活的3成，但即使我拍攝自己打高爾夫球的影片，或寫文章描述高爾夫球的樂趣，也沒有人會願意付

錢，因為我的技術差得很，根本不可能靠高爾夫賺錢。

妥善取得熟悉事物與嶄新挑戰間的平衡

雖然做自己已經厭倦的事情才能賺錢，但老是做這種事情也不會成長。因此，我建議同時挑戰一些新的事物。**如果厭倦但能賺錢的工作占了你生活的7～8成，不妨利用剩下2～3成的時間挑戰新事物**。這樣可以發揮加乘的作用，幫助自己不斷成長。

當你持續挑戰某件新事物，逐漸熟稔後，應該又會感到無聊。這時你就可以再挑戰其他新事物。像這樣再三循環，從事熟悉事物的同時也接觸一些陌生的新事物，那麼無論幾歲都能感受到工作的成就感。

不過，已經滾瓜爛熟到生厭的事物，就不必再磨練技術了嗎？當然不是。我們不能一直停留在同樣的水準，應該精益求精。當你最終達到其他人望塵莫及、無可匹敵的巨匠境界，就能賺更多的錢。

有些人厭倦了某件事情時，可能會轉而全心投入新事物，但我覺得就此錯過賺錢的好時機實在可惜。**厭倦並不是放棄某件事情的時候，而是同時開始挑戰新事物的時機**。妥善取得熟悉事物與嶄新挑戰間的平衡，是不斷成長的關鍵。

LIFE HACK 19
往不努力也能獲得成果的方向前進才是對的

累積職涯經驗時，唯一的重點是選擇做那些不用努力、不必費力也能獲得成果的事情。每個人天生的性格、體格、能力都不一樣，累積的經驗也不同，所以職涯的起跑線也完全不一樣。

各位有沒有聽過「大象織蕾絲」的比喻？雖然這個比喻對大象不好意思，不過大象即使再努力編織蕾絲，也編不出什麼好作品。但如果要搬運木材等重物，恐怕就沒有其他動物比擁有長鼻子的大象更適合了。這個比喻告訴我們，別做那些含辛茹苦也得不到什麼結果的事情，也別將自己的努力與辛勞視為一種成果，**應該一開始就專心投入能輕鬆取得成果的事情，並在那件事情上累積自己的經驗**，這才是累積職涯的基本思維。

但令人煩惱的是，很多人並不容易察覺，那些不必刻苦耐勞就能做到的事情是自己的強項。因為自己自然而然能做到某件事，所以從未想過那件事能當成一項工作。如果能在大學畢業前發現這樣的強項當然很理想，不過這樣的人寥寥無幾。

即使如此，我們至少可以大致了解自己偏向文組還是理組，擅長團隊合作還是單打獨鬥，喜歡站在幕前還是幕後。往這些大方向前進，並累積經驗，自然會發現最適合自己、

最容易取得成果的領域。

親身經歷過才知道適不適合

我在麥肯錫擔任管理顧問時，曾負責住宅和教育領域的業務，但那段時期我真的毫無建樹。雖然還是勉強應付得來，不過我對於住宅或教育也不是特別了解。

然而，當我後來分發到高科技領域時，第一天就有人稱讚我超優秀。我不禁詫異，心想這點程度就算超優秀嗎？但這是因為我父母經營下游電器工廠，我從小就在電器堆裡面長大，也很熟悉各種AV機器和電腦。換句話說，我是在不知不覺間積累了機械和科技的相關知識。

但我從不認為這會成為我的強項，也不曾表現得自己很擅長這方面的事情。只是因為偶然分發到高科技領域，我才意識到這是我的強項。總之，我對這些事情有概念，與客戶或合作夥伴交談時能馬上理解他們的意圖，所以他們也很開心我這麼好溝通。某種程度上，我在住宅和教育領域再努力也難以展現的價值，調到高科技領域後才如魚得水般立刻湧現，我也因此迅速晉升。

由此可見，即便我們能大致掌握自己適合的方向，但具體上到底適不適合，還是要實際做過才會明白。如果偶然發現自己某件事情做得不錯，某方面來說那就能形成我們的職涯。我認為職涯不是靠苦苦掙扎建立的東西。**旁人對你讚譽有加，也代表你適合做該領域的事情**。

盡可能專心投入自己適合的事物

如果一件事情需要你奮力掙扎，根本不可能輕鬆取得成果。像我過去從事交易員的時候，始終做不出好成績，當電視通告藝人也闖不出什麼名堂。這些工作都不適合我。**拚命做自己不適合的事情也是枉然，不如將時間投入自己適合的事情還比較有建設性**。這樣既不會無謂地傷及自尊，能保持良好的心理健康，職涯發展也能一路向上。

我喜歡打高爾夫球，已經打了12年，但我打得愈久，愈深刻體認到自己真的不適合這項運動。我揮桿時，完全沒有自信能打中球。我小時候的體育成績總是拿5分制的3分，顯然沒什麼運動天賦。所幸我並沒有誤入歧途，夢想成為職業高爾夫球選手（笑）。

相對地，從小我就擅長碰數字，寫作和談話也不用人教就做得很好。考量到這些能力都與我現在的工作息息相關，我想果然還是能輕鬆做到的事情對職涯發展比較有幫助。拍攝YouTube影片也是如此，我打從一開始就沒有寫腳本，只是對著鏡頭說出自己想到的事情。如果我是一個沒有劇本就講不出話的人，可能光是寫劇本就得花上一番工夫，發布影片的頻率也會大幅下降，甚至因嫌麻煩而放棄這件事情。

LIFE HACK 20

尋找3個圓圈重疊的部分，快樂提高收入

記得我們小學時學過的文氏圖（Venn Diagram）嗎？這種圖是由2個或3個重疊的圓圈組成，每個圓圈代表一個項目，利用視覺呈現項目之間相似與相異的部分。**如果你想快樂提高收入，請尋找以下3個圓圈重疊的部分：①喜歡的事物、②擅長的事物、③市場上供不應求的事物。**

①喜歡的事物，是持續做一件事情的最低門檻。到頭來，人只有自己喜歡的事情才有辦法一直做下去。儘管長久下來會愈來愈難感受到自己對這項事物的喜愛，但能持續做這麼久，就證明了自己喜歡這件事情。

②擅長的事物，要滿足這個條件其實挺困難的。因為擅長意謂著能在市場競爭中脫穎而出，必須達到許多人認可的水準。無論你多麼擅長音樂或運動，能成為職業音樂家或運動員的人畢竟少之又少，恐怕得是1萬～2萬人中只有一個的天造之才，才有可能做到。

如果是語言能力或數字能力，可能具備百中選一的資質就足以成為專家。如果只算5個人的話，很多人應該都有一些事情是其中最厲害的那個。但請找出自己在10人、20人，最好是在100個人中也能獨佔鰲頭的事情，那才算得上市場競爭的大優勢。

而最重要的是③市場上供不應求的事物。換句話說，

就是能賺錢的事物。一項事物在市場上若供過於求也賺不了錢，只有供不應求的事物才能賺錢。如果你從事自己喜歡且擅長的事物，卻賺不到錢，這就說明了其他和你做同一件事的人太多，供給超過需求了。

個人經營的咖啡廳就是典型的例子。連鎖咖啡廳通常很賺錢，但許多個人經營的咖啡廳卻沒什麼賺頭。這是因為有很多人喜歡也很擅長沖煮美味的咖啡，但願意花錢喝這種咖啡的人並不多。

找到喜歡的事物、擅長的事物、市場上供不應求的事物，這3個圓圈重疊的部分並不容易，許多人出社會後得經過5年、10年甚至15年的職涯，才能找到這一塊。

即使喜歡又能賺錢，如果不擅長也做不久

我大學畢業後從事會計師。從小我就擅長算數，會計師的工作對我來說也算得心應手，問題是我沒那麼喜歡這份工作的內容，也沒有真的賺很多錢。這種需要專業證照的行業供給有限，因此需求還算充足，薪水也不低，但也不至於非常高。

後來，我轉行當資訊系統顧問。我本來就很擅長這方面的事情，也很喜歡這份工作的內容，但問題是供給過多，競爭激烈，也不是那麼容易賺錢……後來隨著資訊科技業的泡沫破滅，我所屬的部門解散，我也轉做了交易員。

我喜歡交易員這份工作，也能賺錢，但並不是特別擅長。換句話說，我並沒有達到大多數人認可的水準。我歷來做過的工作裡面，交易員是表現最差的一份，我也自認是表

現在平均水準以下的交易員。即使喜歡又能賺錢，成績不好的話也很難維持動力，所以我做了3年就辭職了。

我的下一站是管理顧問。這份工作雖然沒有偏離3項條件中的任何一項，但我也說不上非常喜歡，以紅綠燈來說就是黃燈的感覺。我反而比較喜歡後來從事的證券分析師，這份工作也符合了3項條件。然而，更加滿足3項條件的，就是我現在的工作了。

仔細一想，尋找自己喜歡又擅長，而且在市場上供不應求的工作，或許就是所謂的尋找天職。不用著急，不必慌張，只要銘記這3項條件，持續工作，自然會找到3個圓圈重疊的部分，並因此增加收入。

LIFE HACK 21

別相信「好東西再貴也賣得掉」。了解正確的賺錢機制

誠如前面所述，一件事情有賺頭，代表那件事的市場需求多、供給少。當某項創新的技術或產品誕生，產生新的需求時，也是因為這項創新能一舉供給新的需求才能大賺一筆。

經濟活動就是同樣一件事情不斷循環：「藍海」市場出現，眾人競相效仿成功案例，供給方不斷增加，市場逐漸達到供需平衡。久而久之，當供需關係顛倒過來，變成供過於求時，市場便成為「紅海」，想要賺錢變得更不容易。各位讀起來也覺得很有道理吧？

不過很多人會誤會一件事，以為只要東西夠好，價錢再高也賣得掉。營利行為上的「好東西」，是指物美價廉的東西。無論一項產品的品質再好，一旦價格太高，需求便不會增加，也就賺不了錢。只有那些能以更低的成本生產品質優良的產品，並以更低價出售的人才賺得到錢。供需平衡總會受到價格的影響，因此「好東西再貴也賣得掉」並非事實。

這裡我希望讀者想一想**自己當前工作的供需平衡與和投資報酬率**。這2項因素的好壞，幾乎主宰了營利行為的成敗。容我重複，在紅海市場，即使產品降價也無法如願賺錢；而在藍海市場，產品價格過高同樣沒賺頭。市場狀況時時刻刻變化，請各位讀者也試著預測一下市場的前景。

社會早已形成一套固定的「賺錢機制」

我去過各式各樣的美容院，有便宜的也有貴的，貴的甚至一次要花上4、5萬日圓。我每隔一段時間回訪個幾次，發現這類高級美容院的客群年齡愈來愈大，來客數逐漸下滑。

美容院的客人通常回頭率很高，許多人喜歡一間店，就會一直光顧5年、10年，所以客單價高達4、5萬日圓的店也沒那麼容易倒閉。然而新開的美容院往往能以便宜3成甚至一半的價格，比如2萬多日圓，提供同樣或更高水準的服務。即使高級美容院做出改變，將店面遷址或調整培訓制度，降低服務價格，一旦2萬日圓的美容院增加，這下又會相繼冒出服務價格只要1萬8000日圓的其他店家。就這樣，**消費者總會不斷湧向更便宜、更優質的選擇**。

這就是賺錢的機制。要想賺錢，就不能忽視這套機制。因此，我們不能只考慮自己喜不喜歡、擅不擅長某件事，也要思考如何將這件事調整成能夠賺錢的機制。如果自己做不到，則要繼續思考如何加入那些已經建立起賺錢機制的團隊。

為此，我們得把罩子放亮，洞悉市場，提升自我。我們可沒時間每天花上7～8個小時工作。**花2～3個小時搞定工作，剩下的4～5個小時用來蒐集資訊、學習新知考取證照，才是聰明的做法**。

LIFE HACK 22

「跳脫完美主義」，成為能幹的人

眾所周知，吸煙有害健康，但我認為**完美主義對身體的傷害**不亞於吸煙。完美主義者總是過度害怕自己犯錯、被別人指責，導致神經衰弱，累積壓力。其實只要用對方法，很多事情都能巧妙地偷懶，提高工作效率。

有次某個單位邀請我去演講，對方事前給了我一份很長的表單，一看上面列了一大堆問題，並要求我悉數回答，像是電腦使用什麼版本的Windows、休息室需要提供茶還是咖啡、是否需要點心、接送時間和地點。

儘管感到無奈，我仍耐心回答了所有問題。然而，當輪到我詢問自己想了解的事項時，對方卻遲遲沒有回應。我想知道當天預計來賓人數、男女比例大致情況、演講時長，以及需要預留多少時間給問答環節，這些與演講內容息息相關的資訊才是真正重要的。

就我的印象來說，愈關注瑣碎事項的人，愈容易忽略重點。有些人可能會冒出疑問：這樣應該不叫完美吧？完美和完美主義是兩回事。完美主義者做事往往連細節也不放過，導致自己沒有餘力處理重要事項，結果造成疏漏。

陷入完美主義的原因

世上不存在所謂完美的狀態，再追求完美也是徒然。明知如此卻執意貫徹完美主義的人，**是因為欠缺經驗和實力，或是無法接受任何事都有一定機率會出狀況、出錯。**

我們在自己具備豐富經驗和實力的領域，絕對不會成為完美主義者。因為我們的經驗和實力遠高於別人要求的水準，做起事來得心應手。但當自己的經驗和實力低於或相當於別人要求的水準，我們就會想盡力將事情做好，於是陷入完美主義的心態。此外，如果無法接受事情可能出現變數，人也會過度擔心，滿腦子想著不要挨罵，於是將時間花在不必要的事情上，陷入完美主義。

剛開始經營 YouTube 等社群媒體的人，往往會全力投入影片剪輯，反覆修改，力求完美後才肯上傳。我能理解這種心情，但遺憾的是，觀眾並不會注意到你背後付出的辛勞。他們真正關心的是，影片能否簡明扼要地呈現他們想看的內容，而不是精心剪輯的畫面或毫無錯漏的文字。

看書也是，只要清楚自己想從這本書中得到什麼，就可以選擇性跳過內容，只讀相關的部分。很多大量閱讀的人都是採取這種方法。如果不清楚自己想知道的重點，就只能花時間一字一句慢慢讀了。

完美主義者，換個說法，就是不擅長區分事物的輕重緩急，或者不懂得調節精力的人。謹慎準備以防出錯的態度固然重要，**但更重要的是區分事物的輕重緩急，優先處理比較重要的事情**。這樣更容易綜觀全局，看清楚哪些部分需要仔細處理，哪些部分稍微應付就好，從而提高做事效率。

懂得調節精力，碰上突發狀況才有餘力應對。從這個角度來說，我們也應該避免陷入完美主義的心態。而且留有餘力，才可能發現一些新的觀點，例如察覺其他人忽略的問題，或想到更好的處理方法。能做到這些事情的人，正是社會上所謂「能幹的人」。

　　想要跳脫完美主義，請先從自己擅長的事物開始。這樣至少出狀況或失敗時比較容易挽救，可以放心嘗試。而且嘗試過後一定要確認結果；一旦確認換個做法也行得通，就能增加自信，讓自己更容易跳脫完美主義。

　　如果心中閃過一絲不安的念頭，擔心失敗了要怎麼辦，請告訴自己：任何事情都有一定的機率會出狀況、出錯。萬一發生了，好好善後即可。我們無法防範所有問題或失敗於未然，很多事情都只能碰到了再處理。

Chapter 2

健康戰略 Hacks！
健康遠比錢財重要

LIFE HACK 23
解決健康上的「長壽風險」，幸福活到生命落幕

不管你願不願意，我們都生在一個因醫療技術進步和衛生狀況改善而「不得不長壽」的時代。現在閱讀這篇文章的讀者，很多人可能都會活到90、100歲左右，甚至可能活到100歲以上。

然而社會的各種制度，例如年金制度和退休制度，仍是以人們會在80多歲去世為前提所設計，因此人們無法想像80歲過後10年、20年的生活，腦中一片空白，不安不斷膨脹，覺得長壽反而是一種風險。

生在百歲時代需要解決的問題，大致可分為三大方面：**金錢、健康、人際關係**。我將三者統稱為**「長壽風險」**，其中最重要且最容易解決的，是健康方面的問題。

我在其他著作中也屢次談及如何保持健康；我們不需要吃昂貴的營養品，三餐也不必刻意吃什麼或做什麼運動。人一旦過了25歲左右，身體各項機能就會開始衰退，但衰退速度非常緩慢，因此不需要做什麼保健效果超好的措施。不必太勉強自己，積極活動身體、飲食均衡、睡眠充足，持續做好這些基本的事情，就是最適當的抗衰老行動。

當然，我們無法避免衰老。我現在54歲，離百歲還得再活46年，但難過的是，我的身體已經出現各種老化現象，手指、手肘、膝蓋的關節開始疼痛，臉上也愈來愈多皺紋。

不過抗衰老的研究日新月異，現在也已經發現延緩老化的方法。我時時關注這些資訊，並嘗試那些有科學證據且看起來不錯的方法，例如避免久坐超過1小時、減少攝取白飯和白糖等會導致血糖飆升的食物、提高睡眠品質，這些都是我為了延緩衰老所做的事。

與年輕世代交流有助於活化大腦

長壽風險中的金錢問題，可以透過Chapter 3詳細介紹的平均成本法，定期定額投資來解決。人際關係的問題將會在Chapter 4講解，但有一點我想先提：除了和自己同世代的人相處，與更年輕的世代交流也對健康有益。

理想的情況是分別與比自己年輕10歲、20歲、30歲的人來往。我們為了避免自己被當成老人，會持續關注流行趨勢和新聞，這麼做有助於刺激大腦活動。尤其額葉功能衰退會導致思想陳腐，而與年輕人交流也能起到預防效果。

如果只與同世代的人或比自己年長的人來往，老了之後朋友可能會變少，隨之而來的寂寞又可能加速老化。為了避免這種情況發生，建議趁現在與年輕一代保持聯繫。

假設自己能健康活到90、100歲，我們應該思考自己現在的年齡要開始做什麼，該預防和管理什麼，並且加以實踐，排除長壽風險，那麼當前的幸福便能持續到40年後、50年後。

LIFE HACK 24
人生最大的資產是體力而非錢財

年老後,你想當家財萬貫卻沒有體力的人,還是資產普普但體力充沛的人?答案想都不用想,一定是後者比較好。無論擁有再多錢財,若體力不佳、經常生病,錢會很快就會全部用來支付醫藥帳單,根本無法享受旅行或美食。

錢太少當然也不是什麼好事,為錢煩惱會侵蝕體力。然而金錢之所以存在,是為了實現我們想做的事情、獲得我們想要的東西,某方面來說只是人生的配角。即使沒錢,也還有年金或生活扶助費等公共補助,但沒有任何人能補助體力。人生的主角是你自己,而在背後支撐你的是體力,體力才是人生最大的資產。**建議大家平時多注意生活習慣和思考方式,設法維持充足的體力。**

說到體力,很多人會想到肌力和肌耐力等肉體的力量,但體力可不只包含這些;行動力也是體力的一環。如果缺乏體力,也沒辦法做自己想做的事情,或是得花上好一段時間才有辦法付諸行動。免疫力也是體力的一部分,體力充沛的人更不容易感染病毒或病原菌。此外,對各種事物保持興趣,多方思考問題的思考力,也是一種體力。這樣一想,其實體力就是「生命力」。

「思考力也是一種體力」聽起來或許令人意外,但我們思考時會運用身體的感官,因此體力充沛與否自然有所影響。

例如繪畫和電影，我們也是先透過視覺感知才產生各種想法。同樣地，藉由耳朵聆聽音樂，藉由鼻子嗅聞香氣，藉由舌頭品嘗食物，藉由皮膚感受物體的觸感，才能喚起過往的記憶，或萌生出新的想法。換句話說，若體力充沛並保持敏銳的感官，思考力也會更加旺盛。反之，如果體力不足、感官遲鈍，思考力也會衰退。

討厭運動的人就多睡覺

培養體力不只是為了維持肌力和肌耐力，也是為了維持行動力和思考力。一旦有這個觀念，你或許就有新的動力改變運動習慣了。討厭運動的人，也可能更願意堅持下去。如果還是只有三分鐘熱度，**建議改善飲食和睡眠品質**。

飲食和睡眠也是培養體力上不可或缺的要素。睡眠還算相對容易做到吧？睡眠充足的好處，是生長激素會集中分泌。據說人睡得愈熟，生長激素分泌得愈多，促進全身組織的修復。

以前常聽人說晚上10點到凌晨2點是生長激素分泌最多的睡眠黃金時間，但最近的研究指出，生長激素的分泌量與時段無關，都是於「睡眠的第一個熟睡期」大量分泌。話雖如此，如果總是過著清晨入睡，中午起床的生活，自律神經也會失調，身體更容易出狀況。

我建議各位根據起床時間回推睡眠時間，在確保自己至少能睡7～8小時的時間點上床睡覺。照這樣算，大部分人會在早上6～8點起床，所以晚上10點～12點就該就寢了。我也是這樣安排作息。如果我隔天要打高爾夫球，早上5點就要

起床,那我就會提前在9點上床睡覺。

成功與否會受到體力左右

培養體力可以改善拖延症。人之所以想做某些事情卻又懶得去做,就是因為缺乏體力。如果擁有充足的體力,當你決定做某件事情就能迅速付諸行動。而且工作方面,不拖延的人更有可能做出業績。因此我總是認為一個人的體力充沛與否,會影響那個人做事成不成功。

我認識不少IPO(Initial Public Offering,首次公開發行)公司的高層都會參加鐵人三項。明明他們的工作排程緊湊得要以分鐘為單位計算,卻還是有辦法進行高強度訓練,只能說他們體力實在多到用不完。許多頂尖人士即使沒有參加鐵人三項,也有某種運動習慣,可見體力確實是成功的要素之一。目前為止,我還沒看過缺乏體力卻能取得成功的人。

LIFE HACK 25

提升生活品質，方能預防老化

家母於2020年4月因大腸癌離世，享壽89歲。她去世的幾年前，身體狀況開始惡化。我們跑遍大學醫院等大小醫院，許多醫生都說：**「最根本的問題就是年紀有了」**。

當下我無法意會這句話，於是讀了哈佛醫學院遺傳學教授、長壽研究學界第一把交椅大衛・辛克萊（David A. Sinclair）與馬修・拉普蘭提（Matthew D. LaPlante）合著的《可不可以不變老？：喚醒長壽基因的科學革命》，也查了很多資料，最後將醫生的話理解成：「老化就是一種症狀會緩慢演進的慢性病」。

丹麥哲學家齊克果說「絕望是致死之病」，而老化正是這種「致死之病」。我們打從出生起就一點一滴老化，直到80多歲、90多歲或100多歲去世。這世上沒有不死之人。

《可不可以不變老》一書中也佐以最先進的研究資料，提出了抵抗老化的方法，或可以說治療老化的方法，並表示高齡人士也能保有年輕身心過生活的世界已經近在眼前。換句話說，年紀增長不再等於老化。細胞與基因層面的研究不斷進展，也許有一天我們不僅能延長壽命，還能延長年輕健康的時間。不過目前尚未發現這麼劃時代的方法，所以最好的做法，還是嘗試各種抗衰老的手段，盡可能延緩老化，延長年輕健康的時間。

刻意採取保健措施並不能抗衰老

前面提到，想要培養體力，睡眠是最簡單的做法。其實睡眠也是預防老化上最簡單的方法。其他簡單的預防老化方法還包括呼吸法，像是用4秒鐘吸氣，再用8秒鐘呼氣的緩慢呼吸方式，可以調節自律神經，穩定身體狀況，常保身心年輕。這種呼吸法也有助於緩解壓力，所以我也在手機裡安裝練習呼吸法的應用程式，經常利用空檔練習。

提到抗衰老，很多人會想到昂貴的營養品、醫美、美容、按摩，但這些並不能真正預防老化。即使撫平皺紋，讓皮膚變得滑嫩，內在也不會因此變得年輕。

人總以為花大錢就能收穫特效藥般的效果，但這世上並不存在抗衰老的特效藥。**老化是一種「緩慢演進的慢性病」，提升日常生活的品質才能真正預防老化**。這不是什麼特別或困難的事情，但也因此往往被人看輕⋯⋯當然，偶爾偷懶一下並不為過，不過成天偷懶，老化這項慢性病就會進一步惡化。只要有這樣的觀念，自律地管理好日常生活並非難事。

LIFE HACK 26

「實際年齡減20歲」是打造理想人生的重要觀念

我們以往認為人生在世不過80年，並以這項前提設計含職涯、結婚、生育、投資在內的人生藍圖。**但隨著百歲時代到來，繼續遵照這樣的藍圖將出現20年的「空白」，走上錯誤的人生路。**

我現在54歲，剩餘的壽命不是26年，而是46年。我必須將自己的實際年齡減20歲，將自己想成34歲，才能填補這段空白，打造理想人生。要當自己還是個為事業衝刺的34歲小毛頭，勇於接受各種挑戰，學習更多技能。現代人60歲退休，其實相當於40歲退休，未免太早了。40幾歲仍是好好打拚的時期，如果不考慮轉職或創業並積極行動，人生路只會愈走愈狹窄。

健康方面也是如此。不能因為自己已經54歲了就不再努力運動，應該當自己才34歲，好好培養體力，否則健康壽命恐怕不夠用。

我從40多歲開始徹底管理自己的健康狀態。基本上三餐自己煮，少碰外食和加工食品；每天走路超過1萬步，睡眠7小時以上。原本我的體重最高62公斤，實踐幾年下來已經減至50公斤左右，體脂肪率也降至20%上下。我每週會設置一天作弊日（cheat day），在那天吃自己喜歡的甜點，而我至今從來沒有復胖過。

我每2個月會用1次InBody（身體組成分析儀）檢查體重、體脂肪、肌肉量、內臟脂肪和基礎代謝的變化。我的基礎代謝大多符合實際年齡減20歲的水準，也就是和30多歲的人相同。再說一次，我並沒有刻意做什麼事情。

採取輕鬆的做法才能「堅持不懈」

我們對眼前的風險非常敏感，遙遠的風險卻往往不會放在心上，這種心理機制稱為雙曲折現（hyperbolic discounting，另譯雙曲貼現）。健康問題也是如此，許多人總要等到感覺自己衰老了才願意認真面對，然而一旦身陷風險的漩渦，無論做什麼都為時已晚。**現在40多歲的人，請當自己才20多歲；50多歲的人，請當自己才30多歲；60多歲的人，請當自己才40多歲；70多歲的人，請當自己才50多歲。請抱著實際年齡減20歲的心態檢視自己的生活，並且從今天開始逐步改善。**

此外，也請想一想什麼方法對自己來說最容易堅持下去。雖然我們常說做事要堅持不懈，但如果採取費力的方式，也很難堅持下去；尤其像運動習慣就很容易只有三分鐘熱度。我也嘗試過好幾次重量訓練，卻一點也不覺得有趣，所以沒辦法維持下去，甚至基於同樣的理由放棄了瑜伽。然而，我卻能輕鬆地持續打高爾夫球——畢竟這是我的喜好——和日行萬步。

抱著「實際年齡減20歲」的心態生活，就能將原本20年的空白變成額外的「獎勵關卡」。既然是獎勵，何不充分利用，好好享受？

LIFE HACK 27

運動是為健康壽命儲蓄。動得太少比吃得太多更恐怖

近年來，人們認為久坐對身體的危害相當於抽煙和喝酒。動得太少所導致的疾病多不勝數；由於內臟脂肪容易堆積，進而提高肥胖與罹患糖尿病、高血壓等生活習慣病的風險，以及罹患心肌梗塞、腦梗塞、動脈硬化等各種疾病的風險。換句話說，**動得太少會縮短健康壽命**。考量到人類也是一種動物，天生需要活動，這也很合理。

我們需要徹底扭轉觀念，將活動身體視為生活的常態，將久坐不動視為例外。多活動身體不僅能睡得更好，也更容易肚子餓，可以隨心所欲吃喜歡的東西又不至於發胖，好處多多。

雖然上健身房或開始做某種運動也是一種想法，不過每週1～2次、每次1小時的運動，並不能解決運動量不足的問題，**必須增加通勤、做家事、爬樓梯等日常生活活動所消耗的能量，也就是增加非運動性活動產熱（Non-exercise Activity Thermogenesis，NEAT）**。

自從知道這件事情後，我開始透過智慧手錶管理每天走路的步數和消耗的熱量，基本上不再開車移動，平常出門改搭乘大眾運輸工具。車站裡如果有樓梯和電扶梯，我會毫不遲疑地走樓梯。腰腿和心肺功能容易隨著年老而衰退，養成走樓梯的習慣可以保持這些功能的強健；這些樓梯宛如車站

為我們特地準備的訓練器材。

如果我要去的地方只有1個或3個電車車站遠,我也經常選擇走路。對我來說,1公里以內都是能輕鬆走到的範圍,走個2～3公里也很正常。只要穿上合腳的鞋子,減少行囊,我就能毫不猶豫地選擇走路。

建立一套促使自己頻繁活動的機制

為避免自己工作時久坐,我也會設定智慧手錶的鬧鈴,只要坐了1個小時就會響鈴。用電腦或手機設置鬧鐘也可以;我們需要建立一套機制來解決活動量不足的問題,無論採取什麼做法都行。至少要想辦法讓坐著和站起來動一動的時間差不多。

我的智慧手錶每天頂多響鈴1到2次。我幾乎不會連續坐1小時,如果鬧鐘響起,我就會警醒,馬上起身做一做伸展運動,用一用震動機,或到附近的超市或郵局辦事。像這樣頻繁活動,就有種自己正在儲蓄健康壽命的感覺,每次都覺得很划算。

我開始增加非運動性活動產熱後,體重和體脂便自然而然下降到正常的水準,肌肉量也有所增加。基本上,只要多走路就能增加肌肉量。不只是維持,甚至能增加。定期替我測量InBody的人都很驚訝,以為我是不是做了什麼重量訓練。

多動就能瘦下來

我讀了減肥相關的論文後發現,瘦的人並不是特別做了

什麼運動才瘦,而是因為非運動性活動產熱較高;大量的非運動性活動產熱才是瘦身的關鍵。瘦的人不是因為吃得少才瘦,而是吃了多少也充分活動多少,所以不會發胖。

很多人以為少吃一點就能瘦下來,這是錯誤的想法。瘦身的關鍵在於非運動性活動產熱,唯有頻繁活動才瘦得下來。即使藉由飲食控制暫時瘦了下來,平常不怎麼活動的人,轉眼間就會復胖。若自覺動得少,所以少吃一點,只會讓自己更懶得動,更難瘦下來。

想要瘦身,一定要多動,而不是節食。各位要認知到一點:動得太少,對身體的危害比吃得太少還要嚴重。大家觀察自己身邊,想必也會發現吃太多的人意外地少,而動得太少的人明顯多更多。

LIFE HACK 28

騎自行車移動
可以活化身體與大腦

　　最近的科學研究顯示，定期做有氧運動有益身心健康和大腦活動。讀者可能會認為除非上健身房，否則想在日常生活中養成有氧運動的習慣沒那麼簡單，不過我推薦各位可以騎自行車移動。

　　我是在快30歲時開始養成騎自行車移動的習慣。如果我要前往3公里以外的地方，走路可能太花時間，所以會選擇騎自行車。我開始騎自行車的契機，是因為讀了疋田智撰寫的《自転車通勤で行こう（騎自行車上班去，暫譯）》。當我知道原來單程10公里左右的距離可以騎自行車抵達，便馬上拿著10萬日圓上自行車行，買了一輛國際自行車廠牌「捷安特」的登山車，第二天就開始騎車通勤；當時我還在六本木的麥肯錫辦公室上班。

　　後來我跳槽到摩根大通，他們也提供月租2000日圓的自行車停車位，所以我好一段時間都是騎車通勤；接送孩子來回幼兒園也是騎自行車。雖然我快40歲時獨立創業，之後就不再需要騎自行車通勤，但我如果要去單程10公里以內的地方，還是習慣騎自行車移動。

　　我是35歲左右開始考慮獨立創業，當時我完全沒意識到自己能夠成功創業的原因之一，可能就是我從20幾歲開始養成的自行車移動習慣。**騎自行車通勤活化了我的身體和大**

腦，**使我上班之外還有多餘的精力**。於是，我開始思考如何善加利用這些多餘的精力，並在某位編輯朋友的建議下寫了一本書，這也成了我獨立創業的重要契機。

專注力更持久，想出更多好點子

40歲過後，我工作上忙得不可開交，沒辦法繼續騎自行車移動，**更常開車或搭計程車移動，結果我不僅變胖了，坦白說腦袋也變得很不靈光**。我是到快50歲時重拾騎自行車移動的習慣才察覺這一點。我深刻體會到，想要保持思路靈活，一定要騎自行車移動，所以我至今出門依然能騎車就騎車，除非碰到雨天。我一騎就是1個小時以上，平均下來相當於每天騎30分鐘。以距離計算，每個月大約騎了100公里，1年下來大約1000公里。

有些人是以慢跑作為移動手段。雖然同樣是有氧運動，但除非你慢跑的資歷很久，對自己的腿力有自信，否則恐怕做不到。而騎自行車的優點，就在於只要會騎就能馬上開始。如果你想改善運動量不足的問題，務必考慮騎自行車移動。只要每天騎個30分鐘，就能活化身體和大腦，更容易提升專注力，想出好點子。

題外話，我擁有日本自行車活用推進研究會頒發的第三代「自行車名人」稱號。這個稱號每2年頒發1次，授予活用自行車的模範人物。第一代是已故的搖滾音樂家忌野清志郎，現在已經頒發至第九代。許多自行車名人都是各個領域的知名人士，我想這也證實了騎自行車對大腦的益處。

LIFE HACK 29

睡眠至上主義可以避免肥胖

各項國內外研究的證據顯示，現代人的健康問題和疾病，很大一部分的原因在於睡眠不足。簡單來說，人清醒時，疲勞會累積，加速老化，睡眠則能清除累積的疲勞與老化因子。

睡眠不足，就無法將這些因子清除乾淨，於是外在與內在依舊殘留疲勞，促進老化，引發諸多健康問題和疾病。

換句話說，想要保持身體健康、預防疾病，睡覺就對了。最新的有力學說指出，7個多小時的睡眠時間依然不夠充足，8個多小時才是最理想的狀態。身體的疲勞大約睡個6小時就能消除，但要徹底消除腦部的疲勞並整理記憶，則至少需要睡眠7小時，最好8小時。基於這一點，我基本上都會睡滿8個小時，即使忙碌也至少會睡7小時。

某份資料顯示，日本人的睡眠時間是全球最短的，平均睡眠時間只有6小時左右，甚至只睡4～5小時的也大有人在。雖然日復一日睡得這麼少，久了也就習慣了，**但無論你有沒有意識到自己睡眠不足，疲勞和老化因子都會持續累積**。長期下來，這些東西就會像債務一樣重重地壓在你身上，影響健康，因此也有人形容為「**睡眠負債**」。

那些搭電車通勤或搭乘其他交通工具時一定會睡覺，或是看電視電影時會看到睡著的人，也可能處於長期睡眠不足

的「睡眠負債」狀態。如果平時睡眠充足，上述這些時刻就能夠保持清醒。實際上，我搭電車或公車時幾乎不會睡覺。

好好睡飽就不會變胖

我相信有許多人工作家事兩頭燒，只能犧牲睡眠時間工作。可是一旦習以為常，偶爾多睡了一點反而又會產生「睡太久」的罪惡感。

但真的不必對睡覺懷有罪惡感。睡眠可以調整身體和大腦的狀態，是人生中不可或缺的時間，我們反倒應該減少醒來的時間。

午休時小睡一下也是不錯的方式。

我在工作桌旁鋪了一張瑜伽墊，工作空檔會做一些伸展運動，睏了也會躺下來休息，通常睡個10分鐘、15分鐘，有時候也會睡超過30分鐘。小睡片刻可以驅散睏意，恢復專注力。比起強忍睏意，稍微休息過後再工作的效率高多了。

我在極度忙碌的30～40歲出頭，每天只睡5～6小時。相比之下，我現在的身體狀況絕對好上許多，體重也減到了50公斤。

雖然飲食和運動也是影響瘦身的主要因素，但睡眠與肥胖也不是毫無關聯。睡眠不足會破壞調節食欲的荷爾蒙平衡。調節食欲的荷爾蒙，包括抑制食欲的瘦素（leptin）和促進食欲的飢餓素（ghrelin）。若睡眠時間短、活動時間長，身體自然需要更多能量，於是會分泌更多飢餓素，促進食欲。

相反地，若睡眠時間充足，活動時間減少，身體便不需要過多能量，於是會分泌更多瘦素，抑制食欲，使我們更容

易維持正常的體重和體型。

規劃日程表時先預留睡眠時間

想要確保7～8小時的睡眠時間，規劃日程表時應該預先撥出這段時間，就和運用平均成本法，定期定額投資一樣。工作和家事僅排剩下16個小時可以處理完的分量，這樣絕對能提升工作表現。

假設某項工作在我們睡滿8小時的狀態下，3個小時就能完成，只睡5小時可能就得花上5小時或6小時。顯然睡足8小時的工作效率比較好，而且還能提升時間的運用效率。

我每天也會預留至少7到8小時的睡眠時間，再用剩下的時間安排工作、閱讀、興趣、運動等活動。

我還會用智慧手錶監測睡眠時間和品質，目標是睡眠品質達到80分以上（滿分100）。這麼做不僅能確保充足的睡眠時間，提升睡眠品質，也能清楚感覺自己白天更有精神，工作表現有所提升。人不容易累，專注力也會好上許多。

曾經我也深信自己是夜貓族，但現在我已經習慣晚上10～11點就寢，早上6～8點起床。我不禁反省自己過去或許是因為生活太忙碌，自律神經失調才會當夜貓子的。

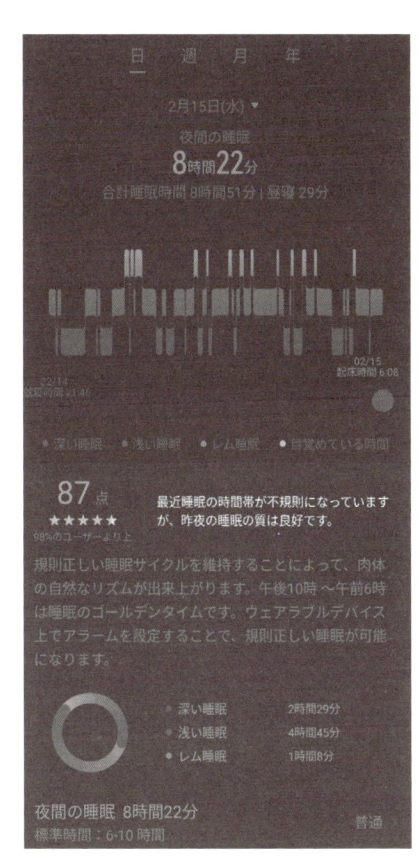

我會用智慧手錶管理睡眠狀況。
這天我也確保自己睡滿8小時。

LIFE HACK 30

運用睡眠科技，
睡眠也能好好管理

讀者是否聽過**「睡眠科技」（SLEEP TECH）**？這是指利用IoT（物聯網）和AI等科技監測睡眠狀態，並改善、提升睡眠品質的產品或服務。近年來，人們愈來愈關注睡眠對於提高生產力、保持心理健康的重要性。此外，小型穿戴式裝置的普及，也促進了睡眠科技產品的開發。

智慧手錶就是其中一項代表性產品，我總是用智慧手錶監測睡眠時間和品質。某些智慧型手機的應用程式，可以檢測睡眠時的呼吸和身體動作，甚至可以錄下鼾聲，確認自己有沒有睡眠呼吸中止症，這也是一種睡眠科技。此外，我也查到一些內建感應器的床架、床墊、枕頭等產品，可以透過體溫變化和翻身次數記錄睡眠習慣。

我認為助眠的療癒音樂也是一種睡眠科技。嚴格來說可能不是，但目的同樣是幫助入睡，提升睡眠品質。YouTube上有很多這樣的音樂，推薦還沒試過的人嘗試看看。我自己則喜歡播放亞馬遜Audible的有聲書，「聽書」入睡。

人生有三分之一會在寢具上度過，值得好好投資

運用睡眠科技之餘，希望各位也一併重新檢視一下床架、床墊、棉被、枕頭等寢具。**請務必在寢具上多花點錢；**

畢竟我們的人生有三分之一在睡眠中度過，而且睡眠是重整身體狀態的重要充電時間。只是就我的印象來說，很多人並不會花太多錢投資寢具。

大家雖然很注重電腦和手機的性能，卻只願意花4萬～5萬日圓買床墊，花3萬日圓買一套棉被和枕頭組。

我是宜得利的忠實顧客。在宜得利，花上10萬～20萬日圓就能買到相當好的產品。雖然宜得利也有賣3萬、5萬日圓的寢具，但10萬、20萬日圓可以買到有效分散體壓、好翻身，或不容易悶住濕氣的床墊，提升睡眠舒適度。

當然，你也可以花更多錢購買進口的高級寢具，不過一味追求更高級的寢具只會沒完沒了，也沒必要。購買符合自己預算、性能優異的寢具即可。如果你有一筆額外的收入或領了獎金，或許可以考慮更換一下寢具。床墊買回來之後，別忘了每3個月～半年對調一次頭尾方向，如果是雙面的床墊也可以定期翻面，延長床墊壽命。具體方法都寫在說明書上，各位購買時可以仔細查閱。

LIFE HACK 31 只想宅在家？飲食與運動的關鍵在於居家穿著

在飲食、運動、睡眠這維持健康的三大支柱中，影響飲食和運動的關鍵，其實是居家穿著。**飲食適量與否、頻繁活動意願高低，都與居家穿著有密不可分的關係。**

比方說，在家習慣穿寬鬆的成套棉質運動服，會導致飲食過量。由於飽食中樞會在我們開始進食的20分鐘左右後開始作用，如果身穿腰部寬鬆的服裝，就很難在適量的時候停止進食。

而且穿這種邋遢的棉質運動服也沒辦法出門對吧？要出門就得換一套衣服，等於提高出門的門檻，即使有出門的念頭，也會覺得很麻煩，最後往往就這麼躺下來看漫畫，或在網路上虛擲光陰。

有時候，我們會沒來由地感覺有什麼沉重的東西壓在身上，什麼事情也不想做。我稱這種感覺為「懶惰妖怪」，一直在思考有沒有什麼好方法可以對付它。後來，我發現服裝才是能讓自己頻繁活動的關鍵，從那時起，我就知道如何擊退這隻妖怪了。

雖然也不是不能穿著這種不體面的運動服出門，但恐怕連要去附近的便利商店都是個挑戰，就算路程只有幾分鐘也一樣；頂多只能穿著走到信箱或大樓內的垃圾場吧。偏偏又是這種時候特別容易遇到其他住戶，不得不尷尬地打聲招

呼，應該很多人都碰過這樣的窘境吧？

讓衣服激發我們的自制力

什麼樣的居家穿著，可以避免飲食過量和只想宅在家的懶散？重點在於「**還算體面、腰部稍微勒住，活動起來方便的衣服**」。例如，不穿鬆垮垮的T恤，改穿平整的上衣；不穿居家感太強烈的大學T，改穿毛衣；褲子或裙子則避免腰部沒有鬆緊帶或布料沒有伸縮性的款式。

我是UNIQLO和GU的忠實顧客，經常穿這兩個品牌的牛仔褲。穿牛仔褲的好處是可以防止自己吃太多，維持腰圍。穿牛仔褲時，如果小腹凸出來很不好看對不對？所以穿上牛仔褲也會提醒我自制一點，不要讓小腹凸出來。

千萬別想著自己已經50好幾了，不用那麼在意外表，一旦稍有鬆懈，轉眼間整個人就會變得不修邊幅。所以說自律非常重要，會直接關係到健康狀況。

我出門時穿的服裝，基本上都來自女裝訂閱服務airCloset。我會在訂單上註明自己經常騎自行車，這樣就不會收到長裙或太緊的襯衫之類不方便活動的衣物。我選擇外出服的標準和居家服一樣，注重穿起來好不好活動。

我想很多人挑選衣服時，在意的是符不符合流行、適不適合自己的臉型和體型，但我呼籲大家加入第三個重點：**方不方便活動**。我認為這也是避免自己成天只想窩在家的關鍵。

建立一套「不出門未免太可惜」的機制

擁有私人交通工具也是擊退懶惰妖怪的祕訣之一。提不起勁出門的時候，光是想到要搭電車或公車，都會減少外出的動力。

我推薦的私人交通工具是自行車，因為騎車同時也是一種有氧運動。我有汽車也有機車，但只有出遠門會開車。如果要去10公里以內的地方，我大多會騎自行車，有時候也會騎機車。雖然騎機車少了有氧運動的效果，但東京的機車停車場大多設在一些不方便的地方，停好車後還需要走大一段路。此外，停車需要花錢，會讓我覺得「都花了400日圓，當然要停久一點」，於是願意四處走動，最終達到不錯的運動效果。

我還建議讀者**建立一套機制，激發「不出門未免太可惜」的心情**。像我是加入彈跳床運動館的會員，月費1萬6000日圓，可以無限暢遊（實際上是每個月最多入場30次，但我不可能去那麼多次）。多虧繳了月費，讓我覺得不多去幾次未免太可惜，因此想要轉換心情時我也會上門。

這種引導自己做出某些行動的心理機制，稱作承諾（commitment）。設定的地點不拘，可以是美容院、文化中心、健身房，或是你喜愛的咖啡廳。關鍵在於讓自己萌生不得不出門的心情，例如報名了文創課程，所以不得不去；或喜歡的咖啡廳推出新產品，非得去一趟嘗嘗。

白天出門可以改善睡眠荷爾蒙分泌狀況

自己的家總是能讓人放鬆身心的超安全空間。但也因為環境舒適，若不自制，很容易成天窩著不動，所以我們要想點辦法促使自己出門。

如果想要外出卻又莫名覺得麻煩，於是渾渾噩噩過了一天，那麼到了一天結束之際，很容易陷入自我厭惡的情緒，埋怨自己今天怎麼都沒踏出家門一步。這樣的心態也可能會影響到睡眠品質。

白天出門有個好處，曬太陽可以調節自律神經，改善夜間「睡眠荷爾蒙」褪黑激素（melatonin）的分泌狀況。換句話說，白天出門也是提升睡眠品質的重要因素之一。此外，如果家裡沒有儲備食材，三餐就很容易隨便解決或叫外賣，而外出則可以順便買些食材回來。自己做飯可以提升飲食的品質，還能打敗懶惰妖怪。這樣不僅有助於改善運動量不足的問題，也能改善睡眠和飲食，全面促進身心健康。

LIFE HACK 32

健康至上才是最好的美容手段。追求符合年齡的美

　　我曾在YouTube影片中談到整形，當時有位觀眾問我對於美容有什麼看法。我的回答非常簡單，就是**健康第一，健康至上**。

　　會讓我們產生好感的人，大多都是健康的人。據說這是因為人有一項感知能力，會將健康的狀態認定為一種美，而且也有所謂「健康美」的說法。說得極端一些，只要健康，看起來自然很美，五官長什麼樣子都無所謂。

　　變美的方法很多，可以動手術整形，例如開眼頭讓眼睛變大、矽膠隆鼻。但如果沒有拿捏好整形程度，超過健康美的限度，看起來就會很不自然。與其冒這種風險，我寧願努力維持健康，擁有自然的美。我認為**注意健康就是抗衰老的基本原則**。

　　美容方面，我頂多定期上個美容院，做做護理、剪剪頭髮，還有右邊太陽穴長出白頭髮時補染一下。

　　至於化妝品，我只有最低限度的東西。保養品就只有化妝水，沒有乳液或精華液，我覺得沒必要，因為我不是很在意皮膚乾燥或膚色暗沉。真要說起來，充其量也就是打高爾夫時會塗防曬乳。與其將錢花在保養品，我更願意吃得營養一點，好好睡覺，泡泡熱水澡促進排汗，這樣更能調整肌膚的狀態。我感覺維他命或膠原蛋白這種對皮膚很好的成分，

透過體內補充比透過體外塗抹更有效果。

我也只有最基本的化妝用具：資生堂MAQuillAGE的粉底、頰彩、眼影、眉筆、眼線筆五件組。我之所以用MAQuillAGE，是因為藥妝店都買得到，即使旅行時忘了帶，通常也有辦法買到自己平常用的東西。如果真的買不到，我會去7-11買一套2千500日圓～3000日圓的化妝品。

對年紀增長抱持自信

無論如何，隨著年齡增長，皮膚和肌肉都會逐漸衰老，臉會開始鬆弛、下垂。只要我們還活著，就無法避免老化。但我們也不需要拉提已經下垂的皮肉，只要注意飲食，就能保持皮膚的彈性；只要好好睡覺，就能延緩肌膚鬆弛的速度。這樣一來，我們就能擁有符合自身年紀的美。

若因為老化無法避免就乾脆什麼也不做，恐怕只會加速老化。某些人可能也對這種態度沒什麼好印象吧。但我們不需要迎面對抗老化，而是要努力保持健康，延緩老化速度，追求健康美。我相信有這樣的意識，就能對年紀的增長抱持自信，成為「帥氣的老奶奶」。

LIFE HACK 33

往好的方面打扮得年輕一些

「打扮年輕」這個形容通常帶有貶意，譏諷一個人硬要裝得比實際年齡更年輕；說一個人「很懂得怎麼打扮得像年輕人」也沒有讚美的意思。然而，這樣的心態其實具有非常重要的功用。**認為自己比實際年齡更年輕，身心的狀況會更好**。

隨著年齡增長，歷練累積，我們有能力做到更多事情，可以享受到更多精神層面的樂趣。不過身體老化可不是我們樂見的事情；如果我們放任身體老化，內心也會接受步步逼近的死亡，進而導致自己老得比實際年齡更快。

另外，人類下意識會排斥和年長者相處，至於為什麼排斥，是因為他們會意識到「自己總有一天也會像這樣變老」。我認為將「避免讓人產生這種想法」當成打扮年輕的動機也是一件好事。以我為例，我YouTube頻道的8成觀眾都比我年輕，所以我也會花點心思打扮得年輕一些，保持活力，以免讓他們感到不適。

我喜歡的女裝訂閱服務airCloset，主要客群是30～49歲的女性。像我已經50幾歲了，通常還穿這些衣服會讓人「看不下去」。為了避免這種情況發生，我很注重健康至上的美容習慣，努力讓自己看起來匹配身上穿的衣服。

最近我燙了頭髮，現在是一頭狂野的的捲髮。因為我覺得隨著年紀增長，可能再也無法享受長髮的樂趣，所以想趁

現在勇敢嘗試。而且燙捲也巧妙解決了我細軟髮質和髮量稀少的困擾，真是一舉兩得！

慎重考慮自然流露白髮的時機

我想許多和我一樣50多歲的人，都會考慮什麼時候接受自己自然流露白髮。這一點關乎個人會不會對染髮劑過敏，還有原則問題，主要是看各人喜好，但如果有人煩惱這件事，徵詢我的意見，我十之八九會建議對方不要太早以白髮示人。白頭髮不僅會過度強調年紀，還會讓別人想到自己有一天也會變成這樣。**所以我的意見是，在可能的範圍內盡量打扮得年輕一點，人際關係會更加圓滑。**

當我們看到一個人維持著符合自身年紀的美，而不是刻意打扮得年輕，不是也會覺得受到鼓勵，相信人無論年紀多大都能這麼有魅力嗎？看到這樣的人會讓我十分振奮。我也希望自己能成為他人眼中這樣的人，以同樣的方式老去。

LIFE HACK 34

理解「每天走1萬步」的真正意義

有人建議「每天走1萬步」對身體很好，但據說不見得要走到整整1萬步，大約8000步以上就足夠了。無論如何，很多數據都顯示**多走路可以降低罹患生活習慣病的風險，延長健康壽命**。

不過，每天1萬步某種程度上只是一種代理指標，充其量是用行走步數來衡量一個人平常的活動量。如果集中於某段時間一口氣走到1萬步，其餘時間都坐著不動，那也沒有意義。**增加活動量才是目的**，建議大家重新審視自己的日常生活，將重點擺在平時多動動身體，而不只是走路。這麼一來，也會達到相當於1天走上8000步或1萬步的效果。

比如說，在家可以時不時做點家事，出門時盡量以走路或騎自行車取代開車。即使開車，停好車後也要多走一點路。搭電車時，在車站裡不要搭電扶梯或電梯，一定要走樓梯。像我1天只要安排3件必須外出處理的事情，通常就能走超過1萬步。如果趕稿期間沒空處理3件事，我會戴上VR眼鏡，做一些運動或玩遊戲，活動活動身體。

增加身體活動量也能活化大腦

人類天生貪圖輕鬆，很難抗拒便利事物的誘惑。汽車就

是最具代表性的例子，出門習慣開車的人真的會愈來愈懶得走路。騎機車也差不多，但機車停車場的位置通常比較不方便，所以停好車後也要走好一段路。而自行車畢竟需要踩踏板才能前進，所以可以增加活動量。

平時認真處理家務的人，也能保持較高的活動量。而且內容繁重的家事還不少，像是用吸塵器打掃整間屋子、清理浴室、洗滌寢具、擦窗戶。自己煮飯的活動量也比想像中得多；舉凡採買食材，取出冰箱裡的食材，然後切一切、煮一煮、炒一炒，都會活動到身體。就算只用廚房電器做懶人料理，也不是完全不用動手，吃飽後也要洗碗。但如果是泡泡麵或叫外賣，基本上根本動不到身體。偶爾這樣不是問題，但總是這樣則會導致營養不均衡，假如讀者有這種情況請務必改善。

各位有沒有一種經驗：原本很煩惱某件事情，沉思許久也沒有答案，但起來走走路、運個動就恍然大悟，問題迎刃而解？其實人體的機制是這樣，四肢活動時，大腦也會更靈光。活動身體可以刺激大腦運作，所以比起坐著不動，運動時的思考力、專注力、敏銳度都會提升。

LIFE HACK 35

戒酒好處多。
成為「清醒好奇者」

　　我從20歲開始喝酒，一直喝到32歲左右，總計下來也喝了不少。除了懷孕和哺乳期間，我每天都會喝半瓶到1瓶的葡萄酒。如果是一群人出去喝酒，則能輕鬆喝掉1公升的啤酒，或者是2～3合[*1]的清酒。

　　我以前還算滿愛喝酒的人，但32歲成功戒菸時，心想或許也能戒酒，一試之下也真的戒掉了。不過我39歲時又「復發」，再次喝起酒來，一直喝到41歲。這2年過後我便徹底戒酒，至今已經滴酒未沾13年了。

　　這段經歷，讓我深刻體會到戒酒能幫助我獲得三個面向的力量，分別是**金錢、時間、健康**。這三者都是無可替代的資產。

　　首先是金錢。人喝酒時總是花錢不手軟。明明沒什麼人喝茶或果汁時願意花1000日圓以上，但喝酒時花上1000或更多錢也覺得無所謂。外出用餐時，如果不喝酒，大概只會花到2000～3000日圓，一旦喝了酒，花費就會翻倍。總之，喝酒非常花錢。

　　再者，喝酒也會耗掉不少時間。由於我不喝酒，所以聚餐時大概1個半小時就能盡興而歸。但如果當天有很多人喝酒，一頓飯就會吃上3、4個小時，不喝酒的人只能在旁邊乾等散會。喝酒會麻痺人對於時間的感覺，即使過了再久也

不覺得怎麼樣。但這麼一來只會拖到回家時間，推遲睡眠時間，影響到隔天早上的狀態。

我通常於晚上10點多就寢，早上6點左右起床，起床後立刻開始工作。由於大多數的約都是從9點或10點開始，**所以在此之前都是一段不會受到打擾、非常寶貴的工作時間**。假設我有飲酒習慣，恐怕很難長期確保這樣的工作時間。

第三個好處，無疑是健康。**愈來愈多研究證據顯示酒並非「百藥之長」**，這對喝酒的人來說可能不是個好消息。過往人們認為少量飲酒可以放鬆身心，改善血液循環，但這些效果其實微乎其微，酗酒反倒會增加肝功能異常的風險，抵銷上述效果。酒精對大腦、消化系統、循環系統、神經系統、肌肉等所有器官都可能造成危害，對健康的影響甚大。因此，近年的研究結論指向人最好不要喝酒。我最害怕的事情，莫過於酒精影響大腦運作。**身在百歲時代，大腦功能變差是最糟糕的狀況**。

此外，一旦喝了酒，肝臟就得代謝酒精，無力代謝其他造成疲勞與老化的物質，進而使人容易疲憊，加速老化。健康和時間一樣，無法倒轉。人活著就是不斷邁向死亡，但何必沒事喝酒加速這個進程？

可以說，酒就是一種**「無毒之名的毒藥」**，但媒體很少報導這一點，因為很多媒體的贊助商都是酒精飲料廠商。既然拿人的錢，自然不能說他們的壞話，這就是現實。

成為「清醒好奇者」

清醒好奇者（Sober Curious）是一種**「可以喝酒，但主**

動選擇不喝酒的生活風格」。「Sober」意為「清醒的、沒有喝醉的」,「Curious」意為「感興趣、充滿好奇」,據說這樣的生活方式在歐美逐漸流行了起來。

在日本,尤其Z世代[*2]的年輕人,無論男女,喝酒的人數也愈來愈少。去年夏天,日本國稅廳針對年輕人舉辦了一項名為「飲酒萬歲!」(Sake Viva!)的活動,徵求能增加日本酒類需求的商業企畫,結果遭到輿論抨擊,這也反映了年輕人愈來愈不喝酒的趨勢。

想戒酒卻遲遲戒不了酒的人,我建議效法清醒好奇者的精神。語言的力量很強大,可以連接我們的意識與潛意識。將清醒好奇者一詞套用在自己身上,就能將心態從「忍耐不喝酒」轉變為「主動選擇不喝酒」,感覺一下子就從負面動機轉變為正面動機了對吧?如果有人問你「你不喝酒嗎」,你可以自豪地回答:「我是清醒好奇者。」

＊1.「合」是計算日本清酒容量的單位,1合約等於180毫升。
＊2.1990年代末至2010年代初出生的人。

LIFE HACK 36

維持健康才能利己利人

人一旦身體出狀況，光是自己就顧不來了，根本沒有餘力顧及他人，所以很容易變得自私自利。相反地，當我們身體健康、精力充沛，做事自然而然會為他人著想，願意親切待人。因此，我認為**健康才是培養利他精神的重要關鍵**。

人際關係上，我最看重的價值觀就是利他精神。利他是利己的反義詞，利他精神是指追求行為舉止有利於他人的心態。這用不著我來說，很多宗教都提倡這種觀念，許多自我啟發類的書籍也有寫到同樣的事情。希望自己過得幸福是人之常情，但我們無法憑一己之力讓自己幸福，**必須與他人相互合作才會幸福**。

合作過程中，利他精神將是關鍵所在。哪怕是微不足道的貢獻，例如有人問路時告訴對方怎麼走；看到垃圾時撿起來扔掉；在速食店吃完東西收拾托盤時，順便收拾隔壁桌上沒人收的托盤；朋友問你認不認識怎麼樣的人時，盡己所能幫忙找人。積極做這些事情，可以讓我們意識到自己對他人的貢獻，進而感到愉悅。而且奇妙的是，利他似乎還能帶來好運，招來更多機會。

這又是為什麼？當我們習慣採取利他的行為，自然會懂得考量他人是否滿足，於是無論在工作或任何活動中，我們都會思考如何讓所屬的公司或團體獲得更大的成果與滿足

感，而不是只顧個人成就與自我滿足。能做到這一點的人，自然更有信用，若能發揮信用，創下實績，便會有更多機會找上門。

同時，**持續做出小小的貢獻，也會吸引來更多支持自己的人，容易最大限度發揮良機**，這樣的良性循環，無論花多少錢都買不到。

只有自己有辦法維護自己的健康

金錢固然重要，但錢只是幫助我們實現願望或獲得想要事物的配角，我們本人才是主角，必須好好照顧自己。我的意思是，努力維持身體健康非常重要。即使沒了錢，國家也有生活扶助費的保障制度；萬一生了病，也可以看醫生治療。當然，除非擁有先天性的疾病，**否則想要維持一定水準以上的健康狀態，避免生病，只能靠自己。**

換個積極一點的說法，只有自己有辦法維護自己的健康。這麼一想，是不是讓人覺得應該好好珍惜自己，好歹要對自己好一點，不然太可憐了？照顧好自己可以改善身體狀況，自然而然萌生利他精神，願意為他人付出。如果有意培養利他精神，請將自己的健康放在第一位。

LIFE HACK 37

管理氣溫＝管理身體 省了空調費， 卻多了醫藥費

隨著漫長的歷史演進，我們人類愈來愈健康，壽命愈來愈長。這不僅要歸功於醫學的進步和衛生條件的改善，也多虧了房屋隔熱材料和空調的開發與普及，讓我們一年四季都能在舒適的溫度中度過；這其實對我們的健康影響甚鉅。

貓狗等動物身上有毛皮，可以抵禦寒冬。但人類穿上衣物也難以維持體溫，實在需要借助隔熱材料和空調的力量。

我們的體溫約莫36～36.5度，內臟溫度則高一些，約莫37～38度。當體溫低於或高於一定程度，身體機能就會出現異常，血液循環和代謝功能會變差，內臟功能會減弱，免疫力和體力也會隨之下降。長期下來，恐更容易致使癌細胞增生，或引發心臟病。因此，**保持適當的室溫，對於健康至關重要**。

有些節儉的人可能會為了省電費而不開空調，但我建議別這麼做。體溫管理不當反而容易生病，增加醫療費用支出。注重舒適的室溫，才能幫助我們維持良好的身體狀況，減少不必要的醫療開銷；而且舒適的室溫也能提高做家事和工作的效率。請各位仔細想想，怎麼做對自己才是最好的。

在公司時可能不得不配合其他人，只能自己調整穿著，適應太熱或太冷的辦公室，但我想家裡應該能設定成自己最舒適的溫度。如果同時注意濕度，舒適度還會進一步提升，

更容易維持健康的身體狀態，從而提高生產力。濕度建議維持在40～60％的程度。

推薦冬天穿電熱衣

幾年前開始，夏天可以看到愈來愈多行人隨身攜帶迷你風扇，連在工地工作的工人也穿起了有風扇的夾克。

而我現在到了冬天便很喜歡穿電熱衣。這種衣服裝了電池，會透過電力加熱衣物。我有電熱外套、電熱褲和電熱襪，這些衣物在冬天真的很管用。天氣冷往往會提高外出的心理門檻，但穿上電熱衣就能大大降低門檻。電熱衣可以自由調節低溫、中溫、高溫，從寒冷的戶外進入溫暖的室內時也可以關閉電源。更棒的是，溫度還可以根據個人喜好調節，穿起來舒適極了。**電熱衣就和風扇夾克一樣，是一項了不起的發明**。

而且電熱衣價格不過幾千日圓，我穿的電熱褲也才4000～5000日圓，只比普通的褲子貴了一點，強烈推薦各位冬天時穿穿看；尤其是那些即使開了空調依舊手腳冰冷或腹部怕冷的人。

LIFE HACK 38

家中處處擺鏡子，延長健康壽命

我們通常都是要做什麼事情才會主動照鏡子，例如化妝或整理髮型。這時我們總不禁擺出一副好看的表情，因此鏡子裡的模樣並不是原本的自己。

但是**在家中各個角落擺放鏡子，就能照出自己不經意流露的模樣，從而看見自己真實的一面**，可以即時觀察自己的臉色、體型變化以及姿勢好壞。如此一來，你就會時時刻刻自我檢視，促進保健意識。你可能會因此更傾向自己做飯取代外食；早點就寢，避免熬夜；在目的地前一個車站下車，多走一點路。

你可以將鏡子想像成「健康檢查的醫生」。比起每年只做1次的健康檢查，我認為天天檢查自己真實的樣貌更能有效維持健康。

全身鏡一面通常只要1000、2000日圓。如果家裡沒有空間放全身鏡，擺一面只能照到臉部的小鏡子也行，總之就是在房間各處擺些鏡子。

我這個點子取經自伊妮絲 利格隆（Inés Ligron）。這名女士是前環球小姐日本地區總監，著有《世界一の美女の創りかた（世界第一美女養成法，暫譯）》。她提倡這種做法的初衷其實是為了提醒自己保持美麗，但我認為這種方法也能下意識提醒自己維持健康。因此，我重新裝潢住家時，便請室內

設計師在每個房間都裝設了全身鏡。

這在我重新裝潢做的所有事情裡面，滿意度也是名列前茅。由於時不時就會看到自己的模樣，大大提升了我的保健意識。當我無意間發現自己氣色欠佳，便會懷疑是不是睡眠品質下降了，或反省自己最近是不是只有淋浴而沒有泡澡……相反地，我看到自己氣色不錯時也會充滿自信，心想「不錯，繼續保持下去」。

想減肥的人也可以利用鏡子的效果

我這幾年的體重一直維持在50～52公斤左右，體脂率也維持在20～22％左右。我認為這要歸功於鏡子督促我自我檢視的效果。我在家時也會避免穿太寬鬆的成套運動服，而是穿著腰部較貼身的衣物，這樣更能明顯察覺到體態的變化。

有意減肥或正在減肥但成效不彰的人，請務必在房間各個角落放置鏡子。這樣自然而然會自律起來，啟動容易瘦下來的良性循環。

重點在於檢查自己不經意流露出來的模樣，而不是主動照鏡子時的模樣。忙碌或身體狀況不佳的時候，你可能會不忍直視自己疲憊或老化的樣子，但這樣更能激發你努力維持健康的意願。我相信，這種借助鏡子提醒自己維持健康的方法，也能在心態上達到抗衰老的效果。

Chapter

3

理財戰略 Hacks！
讓自己一輩子都不必為錢所困

LIFE HACK 39

運用平均成本法投資，資產可以在30年內成長8倍

　　我長年推廣大眾每月定額購買投信商品，這種定期定額投資的方法又名平均成本法，是一種中長期的投資策略。我最早是於2007年11月（台灣譯本為2008年）出版的《錢不要存銀行》開始推廣這種投資方法，很多當時讀了這本書而開始投資的讀者，後來紛紛表示感謝。各位猜他們累積投資下來的結果如何？他們的資產在10年內增長了2倍。

　　假設每月存5萬日圓，1年就有60萬日圓，10年下來可以存到600萬日圓──這是存在銀行裡面的情況。如果使用平均成本法投資，同樣一筆錢則會翻倍，即1200萬日圓。進一步來說，20年內會增長至4倍，30年內則可以增長至8倍。**注意，不是2倍、4倍、6倍這樣成長，而是指數型成長。**

　　我最早是從35歲左右開始投資，到現在54歲，資產已經成長至原先的4倍。有段時期，社會相當流行存款要有2000萬日圓才能安心退休的議題，而只要運用平均成本法投資，存到2000萬日圓也不是不可能。關鍵在於中長期投資，也就是說依靠時間的力量。

　　經常有人問我，什麼時候開始定期定額投資比較好？近年，由於漫長的新冠疫情和俄羅斯入侵烏克蘭等因素，造成股市下跌和日圓貶值，種種不利於投資的條件讓很多人一再觀望。**然而，一般人不應該試圖預測市場走向，因為根本無**

法預測。

即便是專業的交易員或分析師,也不可能永遠精準預測市場趨勢。因此,一般人也無須衡量開始投資的時機,因為沒有人說得準。**開始投資的最佳時機,就是現在**。即刻開始,就能最大限度延長投資的期間。依靠時間的力量,意思就是盡可能長久且持續地投資。最可惜的事情,莫過於浪費好幾個月甚至好幾年衡量開始投資的時機。

透過網路券商購買全球股票指數基金

經常有人問我,應該選擇哪家證券商,購買什麼樣的金融產品,還有購買多少。我認為只要交易手續費不會太貴的網路券商都好。開戶後,**推薦購買「指數基金」**。指數基金是一種追蹤日經平均指數或紐約道瓊斯指數等股市指數,追求績效表現貼近指數的金融商品。其中,我最推薦、我自己也有購買的,是日本一檔追蹤國際股價指數的「全球股票指數」基金(全世界株式インデックス)。

目前全球各國和企業的平均成長率約為4%。儘管日本和美國的經濟處於低迷狀態,但非洲、南美和東亞地區的經濟仍在成長。**只要資本主義尚存,必然會有某些國家的某些企業賺錢,全球股市平均下來,整體走勢仍會繼續向上**。但我們並無法預測哪個國家、哪個企業的股價會上漲,因此建議購買追蹤國際股價指數的全球股票指數基金,這樣相當於分散投資全球的股票。以年利率計算,可以確保世界各國與企業的平均成長率為4%。根據我的經驗,實際上甚至超過4%,達到6%左右。

不動產投資信託「REIT」也不錯

　　我也推薦「REIT」（Real Estate Investment Trust），即不動產投資信託。顧名思義，這是一種投資對象為辦公大樓、商業設施、公寓等不動產的金融商品，在日本又分成日本的「J-REIT」和日本以外國家的REIT，兩邊我都有投資。REIT的特點在於基本上瞄準了價值較高的不動產，因此即使人口減少或使用者減少，價值下跌的可能性也較低。此外，REIT的配息也很不錯，大概是股票的2倍，足足有3～4%。

　　無論購買全球股票指數基金還是REIT，請選擇信託報酬較低的產品。很多投信公司都有提供全球股票和REIT的商品，讓人看得眼花撩亂，不過信託報酬愈來愈低，很多商品的平均信託報酬也只有0.4～0.6%，甚至出現了0.1%或0.2%字頭的商品，有收也等於沒收。

　　每月的投資金額，建議以收入的10～20%為準。而且務必在發薪日當天預先撥出用於投資。存錢的訣竅，在於一開始就當要存下來的這筆錢不存在。假如抱著「錢有剩再投資」的想法，永遠也存不到錢。

　　投資通常要到第5年之後，收益才會穩定成長。剛開始投資的第1年和第2年可能會虧損，但從第3年開始，時間就會逐漸發揮作用，開始獲利。而從第5年開始，由於多了股利的複利，收益將穩定成長。

　　如果你還在觀望開始投資的時機，將錯失投資獲利的機會。所以什麼時候開始投資？答案就是現在。

好好花錢也很重要

前面提到，採用平均成本法持續定期定額投資的訣竅，是一拿到薪水就先撥出用於投資的錢，當這筆錢一開始就不存在，剩餘的錢就算全花光了也無所謂，甚至最好全部花掉。有些人只顧著存錢保障未來的生活，反而因此害怕花錢。但是別忘了我們才是人生的主角，錢只是幫助我們實現夢想的配角。

我計畫死前花光所有的錢。這個想法啟發自比爾・柏金斯（Bill Perkins）撰寫的《別把你的錢留到死：懂得花錢，是最好的投資——理想人生的9大財務思維》。這本書提倡一味存錢無用，應該將錢用於體驗生活，自我投資，達到死前財產歸零，這種前所未有的觀點令我大開眼界。雖然揮霍無度絕對不是好事，但過度節儉而過得不幸福也有捨本逐末之虞。讀了這本書之後，我對於如何平衡兩者，如何正確使用金錢才能讓生活更加豐富，有了更深的理解。

作者雖然不贊同預先將收入的一部分撥出來儲蓄或持續投資，但提供了大量關於如何花錢豐富生活，如何實現理想生活的提示。

LIFE HACK 40

股市下跌時，正是平均成本法的「播種」機會

　　如前文所述，運用平均成本法中長期投資的要訣，是依靠時間的力量。通常投資開始第5年後收益才會穩定成長；第1年和第2年可能會出現虧損，讓人心裡七上八下，但絕對不要因此中止投資或賣掉。股市全面下跌時也一樣，請心平氣和地繼續定期投資。運用平均成本法投資的過程，最虧的就是在股市下跌時停止投資或賣出。

　　我要幫大家釐清一件事實：**股價持續緩緩上升的情況下，其實賺不到多少錢**。我明白投資人看到股價波動會擔心本金虧損，但平均成本法在股價波動大時，反而能創造更多收益。

　　想像一下日經平均指數的走勢。2007年大約為1萬8000日圓，後來暴跌至7000日圓左右，又慢慢回升突破1萬日圓，再因「安倍經濟學」的政策漲破2萬日圓。此後，股市依然漲漲跌跌，截至2023年2月，日經平均指數約為2萬7000日圓。

　　平均成本法的核心觀念，就是別管股價波動，持續定期定額投資。假設每月投資2萬日圓，那麼當股價為1萬8000日圓時可以購買約1.1股，而當股價為7000日圓時，則可買到約3股，總計持股約4.1股。然而，若是每月固定購買1股，無論股價是1萬8000日圓還是7000日圓都只買1股，

那麼合計起來也就2股，只有每月固定投資2萬日圓的一半。這就是為什麼定期定額投資更能獲利的原因。股價高時買得少，股價低時買得多，長久下來總額自然會增加。

我除了投資全球股票指數基金，也投資了新興市場股票指數基金。比起全球股市，新興市場的股價正持續走高，給人一種可以將口袋賺飽飽的感覺，但其實後者賺的只有前者的1.3倍左右。這是因為股價持續上漲，幾乎不下跌，導致能購買的股數較少。相較之下，全球股票時而大幅上漲，時而大幅下跌，因此能累積更多持股。

即使股價波動，也要持續定期定額投資

近年來，新冠疫情和俄羅斯入侵烏克蘭造成股市大幅波動。雖然我們都只能祈求這兩件大事平息，但對於運用平均成本法的中長期投資人來說，波動幅度加大反而是增加持股的好機會。因此，**即使有重大事件造成股價波動，也請繼續定期定額投資**，3～5年後必定開花結果。

更進一步來說，股市下跌時，正是開始定期定額中長期投資的最佳時機。儘管最初的半年或1年會持續虧損，但是在下跌時開始投資，才能為將來的龐大獲利鋪路。換句話說，股市下跌時就是「播種的時期」。

這麼一想，定期定額的中長期投資可謂農業式投資法，而當日沖銷這類短期買賣更像狩獵。

股市下跌時，千萬不要打開證券帳戶。即使知道未來會轉虧為盈，看到賬面上的虧損還是會讓人心情很差。因此當股市下跌時，乾脆忘掉自己有投資還比較好。長期投資甚至

還有句箴言:「買完就忘」(Buy and Forget),所以最好只在股市上漲時打開帳戶。股市上漲時,看了心情也會變好,每天看也不成問題。

正因為你在股市下跌時播下了種子,股市上漲時才能收穫利益。記住,股市下跌正是投資的好機會。

LIFE HACK 41

投資賺錢要靠時間而非預測。訣竅是股利再投入

很多人投資時會試圖預測股價,想透過買賣差價獲利(資本利得)。但是,連專業交易員都不可能準確預測股價了,更何況是一般人?

股價什麼時候會上漲或下跌?通常是公司釋出財報、利率變動等新消息的時候;新冠疫情和俄羅斯入侵烏克蘭等國際情勢也會影響股價。未來會迸出什麼樣的消息,基本上誰也不知道;事先知情的人士也不得進行股票或外匯交易。

這麼一來,能夠在接獲消息後迅速反應,完成交易的人,才能搶先所有人賺到錢。能做到這種事情的人,通常整天都緊盯著大盤走勢,接獲再微小的消息都能迅速著手買賣。證券商和銀行的專業交易員之所以能賺錢,就是因為他們都會這麼做。

至於某些能賺錢的當沖交易員,也是因為他們能在新聞出來的那一刻,精準洞悉投資人的行動並立刻跟進。但這已經牽涉到運動神經的問題,甚至是一種特技了,一般人根本跟不上這種速度。如果在消息釋出後3、4個小時才看到,跟進交易,只會淪為待宰的羔羊。以上內容是建立在研究所碩士班與博士班所學的知識基礎上,並結合金融業流傳的金融理論見解。

一般人想要穩賺不賠,只能花時間,也就是依靠時間的

力量。只要經過一段時間,就會有股利收入。即使本金稍有減少,也可以透過股利賺錢。運用平均成本法的中長期投資就是靠時間賺錢的典型例子。

股利再投入,收益最大化

現在不動產投資信託的殖利率大約是4%。如果於網路券商開設普通型NISA或累積型NISA[3]的戶頭,就不會被課稅,股利收入也免稅。**將這些股利再投入,持續累積,就是收益最大化的關鍵**。每年4%的股利持續再投入10年,最終將積累到40%+α,將近50%。此處的「+α」即複利效應帶來的額外利潤。再加上股價波動下買賣價差造成的利益增加,兩方面合計下來,資產就會呈正成長。因此10年後資產可以成長至2倍,20年後成長至4倍,30年後成長至8倍。

股利可以直接再投入,或以現金形式領取。購買金融產品時可以任選其中一種方式,但再投入能發揮複利效果,無疑是更加划算的選擇。

歐美國家有幾項調查,研究什麼樣的中長期投資人獲利最多。結果顯示,最賺錢的是那些買了相對績優的股票,且股利持續再投入的人。為了能夠更接近這類人,呼籲讀者也開始運用平均成本法進行中長期投資,並且持續股利再投入。

---

[3].NISA（Nippon Individual Saving Account）為日本的小額投資免稅制度。以前分成普通型和累積型,2024年1月起改制,類型名稱也更改為累積型投資和成長型投資。

LIFE HACK 42

鍛鍊數字的敏感度，拿捏自己一輩子不必為錢所困的額度

商品和服務的價值，雖然會套用一定的標準，以價格的形式表現，但價值其實是非常抽象的概念。不過既然價值會透過數字表現，那麼**對數字敏感的人，也確實較能正確衡量事物的價值**。

舉例來說，擅長運動的人，即使第一次嘗試某項運動，也只要稍微練習一下就能上手；不擅長運動的人則需要花費很長的時間才辦得到。同樣的道理，對數字不敏感的人，通常也很不擅長衡量商品或服務的價值，因此也不太懂得如何妥善花錢與存錢。

想要克服這一點，提升對數字的敏感度，首先要學會考量成本效益（俗稱CP值）。比較支付的金錢與獲得的價值，盡量選擇能用較少金錢獲得較高價值的商品或服務。

為此，**請培養洞察成本結構的眼光**。比如思考UNIQLO為什麼這麼便宜，原因包含它在中國等地設廠大量生產，並且跳過了中盤商。而高級精品店的服飾價格高昂，是因為生產數量少、中盤商多，或定價上本來就預設會滯銷。能在市場競爭中獲得一定市占率的商品或服務，通常都CP值比較高，我也建議選擇這樣的商品和服務。

此外，也請試著換算商品或服務的價格相當於自己多少小時或多少天的工資，並盡量只買自己認為值得花錢的東

西。一開始可能需要花點時間換算,但久而久之,你就能憑直覺判斷划不划算。此後買東西自然會更加精明,減少浪費,從而存下更多錢。

「我對數字不敏感」是一句千萬不能說的咒語

我下廚時,鹽的用量都會抓食材重量的0.6%,而且每次都會精準測量。我喜歡用的天然鹽價格為每公斤3000日圓,但每一道菜只會用到1公克左右。1公克鹽的價格為3日圓。如果花3日圓能讓幾百日圓的食材變得更好吃,那麼花這3日圓完全沒問題,甚至可以說這款每公斤3000日圓的鹽巴物超所值。

愈熟悉這樣的思考方式,愈能鍛鍊自己對數字的敏感度,進而提升自己對於金錢的敏感度。**你的價值觀也會愈來愈清楚,知道自己重視什麼,願意省略什麼。**

很多女性會說「我對數字不敏感」,但這是一句會讓你對數字更不敏感的咒語,千萬不能說出口。反過來說,如果告訴自己「我很喜歡看數字」、「我很會算數」、「我慢慢對數字有感覺了」,那麼你就真的會變得對數字很敏感,磨練出對金錢的敏感度。結果就是得以減少不必要的開銷,成功存到錢,進入良性循環。我相信這也會幫助你培養投資的眼光,更有效率地增加財富。

LIFE HACK 43

「花大錢就能解決問題」只是妄想

在這個時代，唯有物美價廉的東西才賣得動，所以市場上有很多便宜的好貨。雖然大家都知道一分錢不一定等於一分貨，但還是有人會被收費昂貴的講座吸引，或擋不住誘惑花大錢買下價值低廉的東西。

就連我也報名過那麼一場費用超高的高爾夫球研習營。那是一套辦在夏威夷為期4天3夜的課程，講師是曾經指導世界頂尖高爾夫選手的教練，學費和餐費超過1萬美元（機票和飯店費用另計）。當時的匯率大約是1美元等於100日圓，因此這套課程的費用差不多是100萬日圓。但由於主辦方幫我打折至70萬日圓左右，所以我出於好奇報名參加，想看看學員有哪些人，果不其然來了一堆有錢的美國人。

我並不後悔參加那場研習營，但就算接受一流教練的指導，我也沒有因此大幅降低比賽時的桿數。坦白說，上網看那位教練的教學影片或閱讀他的書籍可能就夠了。但當初我實在忍不住妄想自己的打球技巧會脫胎換骨，最終付了70萬日圓。

那時候的我並不像現在這麼熱衷於高爾夫球，老實說也打得很差。這讓我感到很自卑，甚至有人邀請我打球賽，我也會擔心拖累別人而拒絕。這段經歷讓我學到一件事：**自卑感愈強烈的時候，愈容易觸發「花大錢就能解決問題」的心**

理機制。

培養不過度依賴金錢的思維

　　無論做什麼事情，即使有人指導，仍要靠自己消化理解並實際行動，腳踏實地反覆練習，也就是啟動PDCA循環（計畫Plan、執行Do、查核Check、行動Act）才會進步。俗話說欲速則不達，一步一腳印才能確實成長。假如你不肯花時間，可能就會試圖靠花錢解決問題。人們往往以為價格＝價值，相信參加高額的講座肯定能學到同等價值的內容，但這是一種謬誤。

　　請各位務必記得，千萬別妄想花錢就會順利、花錢就能解決問題。這種妄想的背後，往往是不願靠自己努力解決問題的心態。但通常花了錢也解決不了問題；即使有時候能藉此掌握解決問題的契機，也不可能徹底解決問題。

　　我們或許太依賴金錢的力量了。其實金錢的力量很小，重新想一下能不能不花錢，靠自己想辦法解決問題，才是聰明的做法。

　　當我們處於自卑或煩惱的情況下，特別容易依賴金錢的力量。總之，面對問題時，請先將「花錢就能解決問題」的妄想擱在一邊，設法靠自己解決。

LIFE HACK 44

活存不要超過必要額度，才能避免自己亂花錢

想避免自己亂花錢，有2個簡單的訣竅：**①不要隨身攜帶現金。②活存帳戶只存最低限度的必要金額。**

我們一旦隨身攜帶現金（含電子貨幣），就會不由自主花掉。手頭一寬，人就容易放鬆警覺，下意識亂花錢。明明只是錢包裡面剛好多了點現金，又不是賺到一筆外快，吃飯時卻點了1500日圓的B套餐，而不是1200日圓的A套餐，還加點一份甜點。再不然就是嫌今天好累，不想搭電車，乾脆搭計程車回家。

此外，活存帳戶放太多錢也不好，因為裡面的錢可能會刷信用卡刷掉。所以，身上的現金和活期存款都應該控制在剛好夠用，或預算範圍內的金額，多餘的錢請拿來投資，才能避免自己把錢放在身邊。

這個效果就和為了少吃零食而不在家裡放零食，為了戒酒而不在家裡放酒完全一樣。**只要手邊沒有錢，或活存帳戶沒有太多錢，就會提高自己花錢的心理門檻**，避免自己漫不經心地用錢。總而言之，不隨身攜帶現金，並避免在活存帳戶存放過多資金，就等於設立了一道門檻，能夠自然而然地減少不必要的開銷。

舉一個反面的例子：個人信貸。業者通常會盡可能給予申貸人最高限額，即使申貸人說自己只需要3萬日圓，業者也

會開出高達40萬日圓的額度。這樣申貸人就會產生自己有40萬日圓活存的錯覺，於是能花多少是多少，到最後就得償還原本沒必要還的高額利息……所以最好不要申辦個人信貸，如果真的有需要，也務必只申請最低限額，並儘快償還。

把錢花在有價值、想支持的事情上

我發現有興趣的廠商、品牌或咖啡廳時，會下載該公司的財務報告書，確認財務報表和會計政策等會計資訊，接著思考購買他們的商品或服務對我來說是否有價值。這也是避免自己亂花錢的一種方法。

將錢花在自己認為有價值或想支持的事物上，是一件令人愉快的事情，也會激勵自己下一次以同樣的方式花錢，於是更不容易浪費錢。而這也有助於提升你對數字的敏感度；所以當你對某個廠商感興趣時，不妨看看他們的財務報告書。

LIFE HACK 45

為什麼居家環境凌亂會讓人存不到錢

想像一下，那些懂得投資並確實存下錢的人，房間會是什麼樣子？撇除空間大小、格局、家具等問題，是不是可以想像他們的房間乾乾淨淨、井然有序？反過來說，如果你看到一個人的房間亂到連站的地方都沒有，衣服、食物和垃圾混雜，想必也很難聯想到那個人有錢。說穿了，你肯定會覺得這個人沒什麼錢、根本沒在存錢。根據經濟學的**「時間偏好率」（time preference）**概念，上述這些想像很可能都是真的。

時間偏好率是經濟學和行為經濟學的概念，意謂著看重當前獎勵更勝於未來獎勵的心理作用。房間整潔的人，習慣東西用完後立刻歸位，桌子髒了立刻擦乾淨，垃圾桶滿出來之前及時拿去倒。這些都屬於時間偏好率較低的行為模式，這種人認為現在整理的好處更大，這樣將來房間就不會變得亂七八糟。反過來說，他們預期延後整理會讓房間變得很亂，所以選擇趁現在整理。

而房間凌亂的人想法恰恰相反，總是覺得可以等之後再整理。這屬於時間偏好率較高的行為模式，結果就是「髒污債務」持續累積，導致無力償還，於是房間凌亂不堪。

此外，一個人的房間如果整齊，就能隨時掌握物品的位置，要用的時候可以省下東翻西找的麻煩，也不會重複購買

家裡本來就有的東西，因此不會增加家中不必要的物品。既然能明確管理哪些東西必要、不必要，自然會促成實在的理財觀念，妥善管理必要花費並試圖增加資產。

相反地，一個人的房間如果凌亂，用什麼東西都要找個半天，就會造成壓力。如果找不到又只能買一個新的，結果增加不必要的東西，讓房間變得更亂。在這種環境下根本無法保持良好的精神狀態，為了紓發壓力又會下意識亂花錢買東西，結果買到自己也不是特別想要的東西，心生沮喪，於是降低自我肯定感，陷入再次為了紓發壓力而亂花錢的惡性循環。

想要打斷這種惡性循環，必須降低時間偏好率，但人的觀念並沒有這麼容易改變，所以當務之急是整理房間。**一旦房間整潔舒適，就能減少壓力，提升自我肯定感，幫助放鬆心情**。光是這樣就很有可能改掉亂花錢的壞習慣，多出一筆錢。而且只要體驗過整潔舒適的環境，即使你再次弄亂房間，也會希望恢復舒服的狀態。

許多談論整理的書籍都有提到，房間的狀態反映了人的內心和思緒。整潔的房間代表清晰的內心和頭腦，這樣的環境不僅對理財有幫助，還能改善工作和人際關係。散亂的房間，是情緒緊繃、時間緊迫的信號，顯示你自顧不暇了。這時請整理一下房間，也檢視一下自己的生活。

LIFE HACK 46

撲滅所有
阻礙與延後存錢的藉口

我身為經濟評論家，經常有人向我諮詢金錢相關問題。某天，我發現有一種人隨著年齡增長，可以賺取更多收入、存下更多財富，實現財務自由；另一種人則會過得愈來愈拮据。這兩種人最大的差異，在於會不會找藉口拖延事情。

能夠實現財務自由的人，基本上不會找藉口或拖延事情，**而那些經濟狀況日益困窘的人，則往往有一堆莫名其妙的藉口，習慣將事情一拖再拖**，即使是有心就能馬上完成的小事，通常也不會動手。他們明知道事情一旦延後處理，有可能狀況生變，處理起來更花時間，卻也不會盡快了事，依然習慣找藉口拖延。

舉例來說，如果想要定期定額投資，每個月只需要100日圓就能開始，也就是說「因為沒錢所以無法投資」的藉口並不成立。當我這麼說時，擅長找藉口和拖延的人就會找其他理由搪塞，好比說不知道要選哪家網路券商，或覺得開設帳戶很困難之類的。

但只要上網就能查到很多券商排名的資訊，所以選擇什麼券商並不是什麼傷腦筋的問題。如果不知道怎麼開戶，只要打電話給客服，按照指示一步步操作就行了。這些問題都能輕鬆解決，但他們還是會找藉口拖延，結果2、3年一下子就過去了。

我們的壽命也不過100歲左右，因此差2、3年就差很多了。使用平均成本法進行中長期投資，到了第5年後收益便會穩定成長。剛開始投資的第1、第2年可能會虧損，但從第3年開始，時間的效果就會顯現，轉虧為盈。而第5年以後，由於股利再投入產生複利效果，收益便會穩定成長。

　　因此，最重要的是立刻開始投資，並盡量延長投資期間——即使我如此大聲疾呼，我想會找藉口和拖延的人還是會雞蛋裡挑骨頭；這也是他們存不到錢的最大原因。

好好重視未來的自己

　　各位不妨回顧一下自己的社群媒體帳號或記事本，看看自己找藉口拖延了多少事情。相信你會發現自己有一套固定的行為模式，在某些事情上特別容易找藉口拖延。請記住這一點，**未來當你想找藉口時，務必意識到自己的這一面，並約束自己不要找藉口**。這樣可以降低時間偏好率，培養成功存錢的思維和行為模式。

　　不過，就算是時間偏好率較低的人，有時候也會缺乏幹勁，想要找藉口拖延事情。即便如此，他們還是會鞭策自己動起來，因為他們不想讓未來的自己過得很辛苦或傷腦筋，而這正是他們督促自己存錢的動機。請珍惜現在的自己，也重視未來的自己。

LIFE HACK 47

「花錢買時間」只會浪費更多錢

有些人的口頭禪是「我這段時間是花錢買來的」，而我從沒看過這樣的人能存到錢。「花錢買時間」的典型例子就是搭計程車。都市裡明明有一大堆大眾交通工具，只要多留一點時間，就完全沒有搭計程車的必要。真的需要搭計程車的情況，僅限於身體不舒服到了極點，要去醫院的時候；或突然下雨卻買不到傘，又快遲到的時候；抑或是從車站到目的地沒有公車可以搭的時候。

換句話說，除此之外的情況，都要歸咎於自己時間安排不當。即使這些人也隱隱察覺到了這一點，卻不願意承認，只能說服自己「花錢是為了縮短移動時間，所以沒問題」。

經常外出用餐或購買外食的人也會說自己「平常很忙，沒時間下廚，所以吃外面的東西就等於花錢買時間」。但其實只要事先做好準備，下班回家後就能輕鬆做好一餐。我認為偶爾外出用餐或買外食回家吃無妨，但如果幾乎天天這麼做，就是在浪費錢。

明明有一定的收入，卻存不到什麼錢的人，往往有「花錢買時間」的思維。總是抱怨自己薪水低，卻又動不動想花錢買時間的人，只會不斷浪費錢，最終走向貧窮。我建議有這種想法的人好好管理自己的時間和行程，這樣就不需要花錢買時間了。

存不到錢的人，缺乏愛物惜福的心

如果說搭計程車和外食是比較大筆的浪費，當然也有一些小筆浪費的例子，比如電器沒用時還開著電源；浴缸放好熱水卻沒有蓋上簾子，任由熱水散失溫度。我再怎麼樣也不想糟蹋魚、肉等食材，所以購買前一定會確認保存期限。如果判斷自己無法在保存期限內吃完，就算是想吃的東西我也不會買。而存不了錢的人並不會考慮這些事情，東西買回來放到過期又扔掉。他們不覺得這樣對生產者很抱歉，也不會覺得丟掉很可惜。

買很多用不到的東西、穿不到的衣服，這些都是存不到錢的人具備的特徵。他們買東西時總是抱著「反正很便宜，先買再說」的心態，並不會考慮自己用不用得到。但即使花的錢再少，浪費就是浪費。原則上，我不會買用不到的東西，而買下來的東西也一定會使用。

買了電器卻不看說明書，亂用一通，導致電器比正常壽命更快損壞，也是一種瑣碎的浪費。我操作電器之前一定會仔細閱讀說明書，減少弄壞而提早汰換的可能。

我也會善用紅利點數和優惠券，購物時能省則省，比如選擇品牌直營的網路商店，或價格接近直銷的管道。雖然需要花點工夫搜尋，但考慮到自己白白買貴的可能，就不會覺得搜尋資訊很麻煩了。

不要將寶貴的錢變成「死錢」

偶爾有人會問我怎麼有辦法花這麼少錢。我不是不花

錢，只是連一毛錢也不想花在自己得不到好處的事情上。**我不想將寶貴的錢變成「死錢」**。對我有益的事物，我算是很捨得花錢的，像自行車我就買了一輛10萬日圓的，機車和汽車我也買了價格不菲但安全性有保障的型號。

花錢時，先想一想這筆錢花下去對自己有沒有好處，這樣用錢自然會更謹慎，避免浪費。當你花錢花得謹慎，自然就能留下更多錢。如果再將這些錢用於定期定額的中長期投資，更容易存到錢。

請讀者回想一下，自己最近有沒有把錢花在對自己沒什麼好處的地方。若能養成這樣的觀念，工作上別人也會對你刮目相看，因為工作的本質就是為他人提供利益；而風評變好，收入也會隨之增加。

LIFE HACK 48

所有支出用於「投資」。將錢花在具有正面回饋的事物上

舉個例子,吃營養的東西相當於投資自己的健康,因為你可以保持身體健康、增強體力,這些都是正面的回饋。相反地,喝酒和抽菸只會帶來負面的回饋,所以並不算投資。因此,**思考自己花的錢算不算投資,就能減少無謂的支出**。

我認為電腦和周邊設備就是一種投資。這是我每天都會用到的生財工具,螢幕的清晰度、CPU的速度、打字時的舒適度,這三點對我來說缺一不可。我雖然不至於追求頂級性能而花到40萬或50萬日圓,但至少會買自己用起來夠舒適的設備。當今的電腦價格有5萬、10萬、20萬日圓,用起來的舒適程度也會隨著價格而上升,而這條「舒適度曲線」大約到了20萬日圓左右就會趨於平緩,所以我購買的電腦價位會落在15萬～20萬日圓之間。

為了拍攝YouTube影片,我也投資了燈具、腳架和遙控器等設備。這些工作用具和電腦一樣,不能拿現有的東西湊合著用,應該在預算範圍內持續更新成更好的設備。這種行為就相當於股利再投入,可以提升工作效率與成果的品質。

像無水鍋、水波爐、電子壓力鍋等料理家電,也都是一種投資。多虧這些家電,即使我生活再忙也能輕鬆下廚,吃上有營養的食物。再加上煮出來的東西又好吃,我自然不會想去外面吃飯或買外食回家,從而省下了一筆錢。這些料理

家電的價位大約落在3萬～10萬日圓，但我每天都會使用，因此很快就折舊攤銷掉了。

購買自行車以解決運動不足的問題，或為朋友、同事準備禮物，經營更好的人際關係，都能帶來正面回饋，所以屬於投資。**無論是花大錢時，還是只花100日圓、200日圓的小錢時，都要養成思考這筆花費是否屬於投資的習慣**，並且只將錢花在能帶來正面回饋、屬於投資的事物上。只要這樣花錢，就不會出現浪費的情況。

我不會花太多錢在回報很少的服裝上

我家餐桌的椅子是漢斯‧威格納（Hans J. Wegner）設計的Y-Chair。我是2009年買的，一張價格接近10萬日圓。雖然十分昂貴，但坐起來相當舒服，能夠輕鬆保持良好的坐姿，我認為這對我的健康具有正面回饋。這張椅子我已經用了13年，換算下來，等於每年花大約7600日圓。考慮到我每天都會使用這張椅子，這筆開銷其實不算什麼。而且，由於我經常保養，椅子幾乎沒有任何耗損，就算再坐上10年，我想仍能維持原樣。

不過服裝對我來說就不太算投資。畢竟時尚流行來來去去，即使買了一件心儀的衣服，也可能穿2、3次後就膩了，所以我選擇訂閱制的服裝租借服務「airCloset」。我認為穿狀態還可以的中古服裝就能獲得適當的回報了。

LIFE HACK 49

每天用1次以上的東西，品質可以好一點，提升幸福度

有一種生活風格叫「精緻生活」，包含花時間用心下廚、用心打掃，將季節感融入生活，重視自己的舒適感等等。新冠疫情期間，很多人沒辦法出門，於是開始追求這樣的生活方式。**精緻生活的訣竅，在於天天用到的東西多給一點預算，選擇品質好一點的產品。**

比如桌子、椅子、電腦、料理器具；床鋪、寢具也一樣，我們1天大約有三分之一的時間會用到這些東西，當然要選擇能保障良好睡眠品質的產品。手錶也是；我更換手錶的頻率挺高的，尤其是智慧手錶，幾乎都會戴最新的款式。因為我整天都會戴著，處理各種事情都會用到智慧手錶。相比於智慧型手機，我使用智慧手錶的時候更多。我甚至認為智慧手錶的更換頻率可以比智慧型手機還要高。

另外，我每天習慣喝3～5杯紅茶。都是用KEURIG的膠囊咖啡機泡茶，而且心想既然要泡，當然要泡一杯好喝到不行的紅茶，所以我一定會事先用熱水溫熱茶杯；要調奶茶時也會將牛奶稍微加熱。

最近我覺得買了很值得的東西是自動貓砂盆。以前我每天至少要清3～5次貓砂，換了自動貓砂盆後，貓咪上完廁所，髒掉的貓砂就會自動掉入下方托盤，所以我每週清理1次就好了。我記得這一台差不多7萬日圓左右，從此貓砂盆再也

不會產生異味,而且貓咪每次都能在乾淨的貓砂上如廁,簡直無可挑剔。

用錢也要區分輕重緩急

相反地,不會天天用到的東西,則不需要給予太多預算,最具代表性的例子就是有車但只有週末會用車的人。**如果平日不會開車,那也沒有必要買車**;每天或至少每2天開1次車的人才需要買車。車子本身就很貴了,還附帶停車費和油錢等林林總總的支出,每週只開1～2次簡直浪費至極,使用汽車共享服務就綽綽有餘了。

1年只會穿到幾次的漂亮衣服,也屬於不需要給太多預算的事物,可能用租的就夠了。儘管每個人的價值觀不同,但我認為,與其花5萬、10萬日圓買1年只會穿到1～2次的高級服裝,還不如在每天都會用到的東西上多花點錢。

天天會用的東西,應該在預算範圍內多花一點錢;至於很少用到的東西則不必花太多錢。用錢區分輕重緩急,可以提高生活品質,增加幸福的時光。

LIFE HACK 50

借錢是一種癮。當前收入不要只用來維持生活

　　很多屢屢借錢的人，原本都只打算借一點，到後來卻愈欠愈多。我一直覺得這種狀況很像什麼東西，最近才想到，**借錢就是一種戒不掉的癮**。

　　有些人會對特定的物質或行為上癮，例如藥癮、酒癮，還有賭癮、購物癮。無論對什麼成癮，都是選擇了短期快感，忽視中長期努力的行為。即使明白努力可以獲得未來更大的快樂，卻依然被眼前的小快樂吸引，於是犧牲未來換取當下的滿足。換句話說，這屬於時間偏好率較高的行為；一直借錢的人完全就是對借錢上了癮。

　　借錢之前，明明可以找人商量或努力修復人際關係，免除借錢的需要，有些人卻無法付出這樣的努力，只好依賴金錢解決問題。而且還不是自己的錢，是向別人借來的錢。明明借來的東西遲早要還，手頭拮据的人一旦拿到錢仍會感覺鬆了一口氣。向銀行或個人信貸業者借錢的情況尤其麻煩，你明明只需要借10萬日圓，對方卻會開出最多借30萬日圓的額度。

　　這個額度正是使人借錢成癮的巧妙陷阱。就算原本只打算借10萬日圓，有些人一聽說可以借到30萬日圓，就會覺得「乾脆多借一點好了」。我曾訪問一些有借錢經驗的人，他們普遍表示：「當我只需要借10萬日圓，卻擁有30萬日圓的

額度時,會產生一種自己有了20萬日圓存款的錯覺,而不是借了10萬日圓。」於是他們真的會忍不住一直從提款機領錢出來花掉。

結果就算有還錢也還不乾淨,利息甚至愈滾愈多。日本個人信貸業者開出的利率大約是10%,這個數字相當恐怖。只有失去冷靜判斷能力的人才會選擇借錢,而這就是我認為借錢是一種癮的原因。

一旦背負房貸,就無法投資自己的未來

房屋貸款雖然也是借貸,有些人卻認為應該視為例外,但我並不認同這種看法。我長久以來都在呼籲大家重視背房貸的風險。以前地價不斷上漲的年代,貸款買房並不是問題,可是如今地價豈止不再上漲,某些地區還開始下跌,**貸款買房無異於主動讓自己陷入借錢成癮的狀態。**

此外,如果為了縮短還款期間而讓自己的生活捉襟見肘也是個問題。假如當前的收入只用來維持當前的生活,就無法運用平均成本法進行中長期投資,也沒辦法投資未來能提高自身價值的事物。最後陷入「無法提升自身價值,所以收入不會增加→無法投資將來→收入更難增加」的惡性循環。

這一點也適用於那些勉強支付高額租金的租房族。就算現在支付高昂的租金,對你未來提升自我價值和增加收入也沒有任何幫助。**還不如住在沒那麼方便,但租金較低的地方,將錢用於投資未來才是聰明的選擇。**

多虧這樣的想法,我現在才能住在距離車站很近,空間也夠大的地方。我以前住過的地方全都是離車站很遠的老房

子，最近的車站也要花超過15分鐘才到得了。如果想要找空間和設備符合需求，租金又低的房子，勢必只能往離車站較遠的老房子找。不過，這並不會對我未來的價值產生任何影響，**我反而可以拿省下的租金買書、參加講座、買自行車促進身體健康，提升自己未來的價值**。

請讀者檢視一下自己的收支狀況，不要將目前的收入全部用於維持目前的生活，盡量花在更划算的事物上。千萬別懶得努力而選擇借錢。

現在街頭巷尾都是信貸廣告，如果你忍不住心動了，請提醒自己：借錢是一種癮，這些廣告的商業模式就是靠讓人成癮來賺錢。希望你能藉由這樣的解釋，遠離借錢的行為。

假如萬不得已急需借錢，也務必只借最低限度的金額，並且盡快還清。至於已經陷入債務困境的人，請向專家尋求協助，制定及早脫困的計劃。

LIFE HACK 51

探討自己浪費錢的真正原因

人在壓力大的時候最容易浪費錢。如果工作表現受到讚賞，人際關係順利，根本不會想要特別慰勞一下自己或渴望別人的關心，自然也不會浪費錢。穿著UNIQLO、GU、AEON大賣場買的普通衣服，吃著自己做的普通飯菜，偶爾看場電影或來趟旅行，度過普通的假日，就十分幸福了。

工作不順或人際關係出問題的時候，人特別容易亂花錢。因為當你渴望療癒一下自己，想要得到他人的慰藉時，花錢是最快最簡單的方式。

到名牌店消費時，店員無微不至的接待令你感覺備受重視。當你走出店門，店員還會深深鞠躬送別，讓你一嘗名流滋味。得到這種程度的禮遇，絕大多數人的心情都會好起來。

上高級餐廳也一樣，可以體會到極致的款待。我想沒有多少人到路上隨便一間簡餐店吃飯時會有受到款待的感覺吧？可是到客單價2萬～3萬日圓以上的高級餐廳，就會感覺自己受到餐廳的熱烈歡迎。

購物可以填補空虛的心靈

那些看電視購物節目時忍不住訂購商品的人，很可能也累積了不少壓力。據我一位從事電視購物行業的朋友所說，

他們主要的使用者都是住在地方的有錢主婦。由於她們住的地方，附近沒什麼可以享受購物的商家，很多家庭主婦又為了顧及形象而不怎麼外出，種種原因使得她們的活動範圍和朋友圈愈來愈狹窄，壓力逐漸累積，而電視購物便成了她們快速紓壓的途徑。

這些主婦的消費行為還有一項特徵，她們不是1次買1件昂貴的包包，而是挑價格更實惠，且1次買5種顏色的款式。這完全是浪費錢的行為，但也可以想像這種購物行為帶來的滿足感。

我自己因為高爾夫球技沒有進步而感到煩躁時，也會忍不住買新的球桿。明明打不好是我自己的問題，我卻忍不住歸咎於球桿，而每次買了新球桿，就會感到片刻的心安。這也讓我更加深刻體會到，購物的確有療癒受傷的心靈、填補內心空虛的功效。

這也是完全不浪費錢的難處。在生活無虞的情況下，1年亂花錢1～2次倒是無妨，不過也要清楚自己在工作或人際關係出狀況時很容易亂花錢。**當你感覺自己就要浪費錢的時候，先停下來想一想，到底是什麼令你不滿**。意識到浪費錢只是一種替代行為，你就有辦法著手解決真正的不滿了。

Chapter 4

人際互動戰略 Hacks！
無形的資產最重要

LIFE HACK 52

「成功的7個習慣」之一，累積信任存款

　　想要隨著年歲增長構築幸福的人際關係，唯一重點是累積「信任存款」。

　　信任存款是國際知名領導理論權威史蒂芬・柯維（Stephen R. Covey）在《與成功有約：高效能人士的七個習慣》一書中提出的概念，很多人應該都聽說過。他將人際關係中的信任度比喻為銀行帳戶的存款，增加信任度的行為比作「儲蓄」，損害信任的行為比作「提取」，闡述在別人心中增加信任存款的重要性。

　　我們與人相處時，總在不知不覺間累積彼此的信任。比如，面對不說謊、守信用、體貼對方、親切待人、願意相互合作的人，我們的態度會更加寬容，彼此的信任存款自然會增加，我們也會希望這種友好的關係可以長久。總是保持信任存款為正的人，也能逐漸擴張良好的人際關係，認識更多好朋友、好同事、好上司、好客戶和好伴侶。

　　相反地，如果一個人滿口謊言、不守信用、利用他人、欠錢不還、辦事不力，則會讓別人產生不信任感，減少自己的信任存款。即使是年輕時還合得來的人，例如學生時期的朋友或過去的同事，若隨著時間的流逝和環境的變化，信任存款逐漸減少，你也可能會以時間上不方便或跟其他人有約為由拒絕對方的邀請。加上你自己也逐漸不再邀約對方，交

流慢慢減少,最終便不再將對方納入自己的人際關係網絡。通常只要2到3年,最長不超過5年,兩人就會形同陌路。

當對方的信任存款歸零甚至轉為負數的瞬間,我們往往會選擇放棄與其往來。與信任存款為負數的人相處,意味著必須忍受對方的行為或不斷為其收拾善後,這無異於將自己的信任存款轉給對方,帶來沉重的精神負擔。願意承受這種負擔,仍堅持維繫關係的人極為稀少,因此,當一個人的信任存款不斷減少,其人際關係也將隨之逐漸萎縮。

雙贏關係可以互相累積信任存款

金融資產累積到一定金額後,就能透過複利效果生息,即使不再投入本金,存款也會不斷增加。人際關係的信任存款同樣如此,**一旦累積到一定的量,就算你不刻意做什麼,信任度也會自己增值**。你將毫不費力地獲得他人充分的信任,並擴展自己的人際關係。

如果你尚未建立滿意的人際關係,請檢查一下自己的信任存款,也看看身邊其他人的信任存款。能夠互相累積信任存款的關係,就是所謂的雙贏關係。你不會被單方面地剝削,也不會剝削對方。只要日常生活中注意這一點,就能拓展豐富的人脈,進而過上幸福的中年、晚年生活。

LIFE HACK 53

受人青睞的必要條件

想要改善人際關係，首先得調整好自己的身體狀態，保持愉快的心情。若擁有良好的身體狀態和情緒，碰上小小的不愉快也能一笑置之，碰上開心的事情則能打從心底感到快樂。這樣的人相處起來很令人安心，而這種心理上的安全感，正是受人青睞的首要條件。

我們建立人際關係時，也是將安全視為首要考量。我們不希望身體受到傷害，精神方面當然也是，不想承受恐懼、憤怒和不安的情緒。人會警戒其他破壞氣氛的人，對於說話帶刺的人、企圖拖別人後腿的人也避之唯恐不及。避免做出上面這些事情，保障人與人相處時基本的安全感，才是受人青睞的必要條件。

和不安全的人相處根本無法放輕鬆，也沒辦法好好享受，時時刻刻都要擔心對方會不會破壞氣氛或攻擊自己。就算對方是你的親戚，也只能漸漸疏遠對方。不過這都是個人的選擇，每個人願意承擔的風險程度都不一樣，只是我會選擇這麼做。

富人為什麼只和富人來往？八成是因為他們不用擔心對方會問他們賺了多少錢或要求他們請客，能確保心理上的安全。談論日常生活時，也不必擔心對方認為他們在炫富。

相處成本太高的人不會受到青睞

安全固然是受人青睞的必要條件,但也只是基本條件。就算一個人安全,卻總得要等人問問題才會開口,那也不會受到青睞。因為和這樣的人相處起來並不愉快,還會讓人有所顧慮,擔心你一直不說話是不是心情不好或身體狀況欠佳。

換句話說,就是相處的成本太高了。此處的成本,意思更偏向情緒勞動的精神成本,而不是金錢成本。**那些相處起來很愉快、有趣、有幫助的人,相處成本低、效益大,自然會受到很多人的青睞。**

我們買東西時會盡量選擇物美價廉的商品,如果買回來覺得物超所值也會回購。同樣的道理,維持良好人際關係的關鍵,也是相處時不必花什麼力氣,效益卻很大的相處模式。而能夠提升效益的附加價值,包含話題豐富、幽默風趣、懂得關心他人、充滿創意等等,甚至包含穿搭品味良好。

但也不能因為擔心不說話會被冷落,就一直講自己的事情。應該先附和對方,聽完對方的話並表示感想後,輪到自己說話時再開始講述自己的事情,這才是成年人談話的禮節。千萬別在對方說到一半時插嘴,說「我懂我懂」,然後談起自己的經歷。雖然心裡有共鳴時難免會想說說自己的事情,但這等於剝奪了對方發言的機會,所以要說也應該等對方講完再說。

聽對方說話就是在蒐集資訊

對方說話時,我們不能只是單純地聽,要以尋找插話時

機為前提去聽。我是到了50多歲才意識到這一點。從那之後，我都會先認真聽完對方的話，再闡述自己的想法。

尤其年輕的時候，人都渴望別人聽自己說話，很容易一直談論自己。雖然這也可以視為年輕人的特權，但老是這樣，別人也會覺得你很無聊，只會講自己的事情。有些內容搞不好還會被別人當成炫耀，因此必須特別小心。

請改變觀念，告訴自己要先聽對方說話才有辦法進行對話。這麼一來，聽對方說話時就可以當自己在蒐集資訊，多一些樂趣。當我們談論自己時，只是單方面產出資訊，無法接收新資訊。但聽對方說話時，必定能獲得新的資訊。

LIFE HACK 54

過度忍耐也會傷害他人

日常生活中，我們即使有想做的事情，有時候也會基於立場、合群、社會責任等問題而不得不放棄。反過來說，也有一些我們不想做但不得不做的事情。無論哪種情況，都是在忍耐。忍耐等於違背自己的意願，是一種傷害自己的行為。很多人為了治療這種傷害，而選擇傷害他人。

日本在新冠疫情初期出現的「口罩警察」就是很典型的例子。這群人認為自己都戴口罩忍耐了，別人也應該戴口罩忍耐，絕不容許看見有人不忍耐、不戴口罩，於是只好像警察取締一樣嚴厲指責對方，讓對方感到受傷，透過這樣的方式平衡自己內心受到的傷害。而不傷害他人的人，則依賴甜點或酒精來發洩。無論如何，過度的忍耐顯然會對自己與他人造成傷害。

為了過上圓融的社會生活，建立良好的人際關係，適度忍耐也是必須的。準備證照考試或拚業績達標的過程，也有必須咬牙努力、不能放縱的時候。但是請各位務必記住：**忍耐不是美德。過度的忍耐不僅會傷害自己，還可能傷害他人**。忍耐會形成壓力，造成身心的負擔。

請養成習慣，一旦發現自己有傷害他人的念頭，馬上懷疑這是不是過度忍耐什麼事情的反作用力，這樣或許就能幫助你懸崖勒馬。

LIFE HACK 55

為什麼與朋友相處是最棒的娛樂

　　人們常說金錢買不到友情,朋友才是真正的財富。我想再加一點:與朋友相處還是最棒的娛樂。至於這是為什麼?因為當中不存在利害關係。

　　人無法獨自過活。從我們的祖先開始,就只有那些樂於和各種人打交道、互相幫助、扶持彼此的人留下後代,因此我們具備高度的社會性。理論上,這種天性能幫助我們工作上與他人相處融洽,不過工作上的人際關係牽涉到金錢問題,彼此之間存在利害關係,所以才會出現上司講的話不得不聽、客戶提出荒唐要求也不能生氣之類的情況。其實夫妻和親子關係中也存在利益糾葛,只是這些關係建立在不會斷絕的前提上,唯有採取法律途徑才能掙脫束縛,獲得自由。

　　相較之下,與朋友相處的好處在於沒有涉及金錢,也沒有任何束縛,彼此之間有友情而沒有愛情。**這種不遠不近的距離感恰到好處,讓良好的關係得以持續20年甚至30年,等於是最棒的娛樂。**

　　我喜歡打高爾夫球的原因之一,就是可以運動又可以和朋友相處,所以我才能打得這麼開心、打這麼久。一個人默默上健身房訓練這種克己的運動方式一點也不有趣,所以很難堅持下去。想要維持運動習慣,可不能少了與朋友相處這樣的娛樂要素。我相信不是只有我這麼想,許多人都能感同

身受。「Minchalle」這種應用程式之所以能幫助使用者防範三分鐘熱度,更容易達成運動或減肥目標,也是因為小組夥伴間相互鼓勵的機制是一種娛樂。

工作、家庭和朋友都是人生所需

為保持良好的友誼,朋友之間最好不要有金錢上的往來和介紹工作的情況。介紹新朋友還勉強可以接受,因為不會產生利害關係,可是一旦涉及金錢借貸和工作介紹,彼此就不再是朋友,而是成了客戶。只要像這樣區分清楚,就能避免彼此的立場混淆,維繫珍貴的友誼。

工作攸關自己和家人的生活,所以我們很習慣優先考量工作上的問題。一旦有工作要處理,便會理所當然地拒絕朋友的邀約。但假如這種狀況一再發生,恐怕會失去朋友這項財產。要知道,這意謂著失去人生中最棒的娛樂。或許應該轉個念,告訴自己工作不只是為了餬口,也是為了能與朋友一起玩樂。

當然,一天到晚和朋友玩在一塊也會膩,會開始想念與家人共度的時光,想要透過工作貢獻一下社會。話雖如此,也不能因此百分之百投身家庭或全心全意埋首工作,否則只會弄得自己身心俱疲。適當穿插與朋友相處的時光作為一種娛樂,才是充實人生的關鍵。

LIFE HACK 56

口出惡言的人不必深交

人是社會性的動物，生活免不了與他人交際。我們十分在意旁人如何看待自己，如何評價自己，若得到符合自身期望的評價會感到滿足，反之則會心生不滿。而這份不滿說出口，便成了惡言。

坦白說，我們時不時都會湧現對他人惡言相向的衝動。世上沒有人從未說過別人的壞話。在討論或開會時，若與他人意見不合，我們可能會覺得對方的想法有問題，甚至想加以批評；當被上司責備時，也可能暫時忽略自己的過錯，轉而感到憤怒；甚至面對關係親密的朋友或家人，也難免有想說些難聽話的時候。

惡言的種子無所不在，但我們可以選擇藏在心裡，告訴自己對方有對方的想法，上司的冷嘲熱諷也不是第1次了，自己消化這些情緒。換句話說，**自我控制能力和自我管理能力好一點，就不會口出惡言**。而自我控制能力和自我管理能力較差的人，便無法抑制自己罵人的衝動。

口出惡言最可怕的地方，在於成癮性。咒罵能讓人排解內心的鬱悶，但一吐為快的效果只有一時，沒多久又會產生罵人的衝動，於是開始挑別人的毛病，眼中只看得見別人的缺點；明明每個人都有各自的優缺點。

人煩躁久了，就會對別人吹毛求疵，透過罵人排解壓

力。**這完全就是一種壞習慣**。有些人說給別人聽還不夠，還要寫在社群媒體上，有些內容甚至明顯影射特定對象。就算這些貼文只有朋友看得到，這也不是一個人該有的行為。我不禁懷疑，這些人難道都沒想過別人怎麼看嗎？只能說是因為他們欠缺自我控制與自我管理的能力。他們的問題不是有沒有想過，而是根本就不會去想別人怎麼看。

口出惡言會讓自己運氣變差

沒有成年人會在大庭廣眾之下裸體，這麼做既丟臉又難看。在我看來，口出惡言的人和在大庭廣眾之下裸體的人沒兩樣。**一直做這種丟臉又難看的事，名聲當然會變差，別人也會遠離你，結果就是漸漸流失機會，運氣也會變差**。俗話說口出惡言會替自己招來惡報，這一點我完全同意。

和這種人在一起，搞不好也會讓自己的運氣變差，所以我只會和這種人保持最低限度的往來。雖然不必以他們經常口出惡言為由斷絕關係，但我也會維持一定的距離，不會太積極往來。

LIFE HACK 57

愛管閒事的人也無須往來

在我看來，很多人都太在意他人的眼光與意見了。擔心世人對自己有什麼想法、某個人是怎麼看待自己的、上司內心的真實想法、朋友會不會在暗地說自己的閒話……

諸如此類，總覺得很多人都活在他人的眼光中，成天擔憂別人對自己的存在、意見和想做的事情怎麼看、怎麼想。如果你想要好好珍惜自己的特色，最好跳脫這種心態。

至於要如何跳脫，請意識到以下2件事：第1，**別人其實沒有那麼關注你，所以不用那麼在意別人的目光**。舉例來說，請回顧一下你今天一整天花了多少時間思考自己的事，多少時間思考別人的事？

在我的印象中，這個比例大約是 95：5，也就是說，人有 95％ 的時間都在關注自己的事情，只有 5％ 的時間用來思考他人。而且，就連這 5％ 的時間，大多也只是拿對方與自己比較，或是思考與自己相關的事，並非真正專注於對方本身。換句話說，別人沒有你想的那麼注意你。縱然有瞬間被人注意到的情況，但除非你給對方留下深刻印象，否則他們也不會記得。

至於第2件事情，就是**那些老愛干涉你、對你指指點點的人，大多無須往來**。和愛管閒事的人相處沒什麼好處。

尤其要注意那些口口聲聲「為你好」的人，那都是謊

言。那些人嘴上說是為你好，其實只是用嫌你、罵你的方式發洩自己的壓力。面對這種人最好保持距離，以免自己成為別人的出氣筒。

別介意他人的目光，反而要善加利用

雖然我們沒必要和那些擅自替你出主意的人、沒事硬要雞婆的人往來，但倒是可以善加利用他人的目光。

人類生性懶惰，貪圖輕鬆，做事時力氣能省則省，事情愈簡單愈好。這樣的我們之所以能夠自律，養成良好的生活習慣；設立中長期目標並達成；想要幫助他人，都是因為在意他人的目光。要說是別人的眼光讓我們得以過上社會化的生活也不為過。假設我們有辦法放棄社會化的生活，成天好吃懶做，一旦弄得自己不修邊幅、口袋空空，反倒無法隨心所欲做自己想做的事，生活也會變得毫無樂趣。

借助他人的目光，作為一種外力，會更容易約束自己不致沉淪。靠自己奮發圖強不僅累人，也不足以長久維持動力。因此，可以只在有意律己的時候留意一下他人的目光。**我們不必介意他人的目光，反而要善加利用**。或許也可以將他人的目光想成一種聲援。

LIFE HACK 58

受到親切對待的人與遭受冷漠對待的人之間的差異

無論是公事還是私事，若能受到他人親切對待、設身處地地為自己著想，不僅心情愉快，事情也會進展得更加順利。想要成為這樣的人，關鍵在於理解**「社會選擇」**（social choice）的概念。

大量實驗的結果顯示，**我們平常替陌生人指路，讓座給別人，或是開門時按著門讓後面的人進門的時候，其實都下意識挑選過對象**。這些行為背後的動機其實並不單純。舉例來說，人之所以更願意親切相待穿著得體的人，是因為期待對方感到欣喜不已，搞不好還會給自己更好的回報。聽起來很勢利，但總而言之，社會選擇就是人會對可能滿足自身貪欲的對象比較親切的現象。

在餐廳裡，盛裝打扮的人往往會被帶到更好的位子，這也是社會選擇的體現。而我曾在銀座某家百貨公司體驗過反向的社會選擇。

我有那家百貨公司的會員卡，每年會收到1張貴賓室的使用券。我的會員卡並不是最高級別，而是年費5000日圓的二等卡。我之所以入會，是為了享有免費停車1小時的權利，因為我常去那附近的高爾夫球教室和美容院。比起每次都要付停車費，繳年費比較划算。有一次我發現那張貴賓室的使用券快過期了，心想不要浪費，便去了百貨公司。

當天我打算去練習高爾夫球,所以穿得比較輕鬆:一身GU的衣服、白色褲子和黃色毛衣,結果店員竟帶我到最偏僻的角落座位,明顯是不希望我坐在醒目的中央座位。

貼心一點,避免造成對方的心理負擔

　　由於對方的意圖實在太露骨,我差一點當場笑出來。要是我當天不是全身GU的衣服,而且還擁有最高等級的會員卡,肯定不會受到這樣的對待。

　　照理來說,一流的店家不應該憑外表判斷一個人,因為從外表也看不出顧客的消費能力。但我後來也反省了一下,覺得自己當天過去時至少也要穿AirCloset租來的衣服。因為想要得到別人親切的對待,或更好的待遇,就必須避免造成對方的心理負擔。當時我不夠貼心,於是成了社會選擇中落選的一方。

　　當然,購買體面的衣服是一筆開銷,根據不同場合搭配服飾與化妝也需要花費時間。至於應該投入多少,則取決於個人的預算與價值觀。不過,如果至少想避免被冷落到角落座位,適度打扮仍是必要的。起碼如此一來,**不僅能減少遭受怠慢的可能,心情也會更加愉快**,這一點絕對不可忽視。

LIFE HACK 59
勝間流社群活用法！主動分享資訊是幸福的泉源

主動分享資訊，可以想成口耳相傳的行為。如果日常生活中有什麼驚訝的發現，或得知任何你覺得對他人有益的資訊，不妨在社群媒體上或聊天的時候積極分享。**這種利他行為是源自於想要貢獻他人的心態，所以多多分享，就會逐漸吸引到粉絲和支持者。**

這些成為粉絲或支持者的人，也會給你一些回報，告訴你他們得知的好消息。彼此互惠之下，就會漸漸形成一張值得信賴的資訊網絡。別人可能會介紹有趣的人給你認識，或帶給你商業上的靈感。以我為例，這也有助於他人付費訂閱我的電子報，或在我出書時購買我的書。

當然，我並不是為了這些回報才分享資訊。我只要聽到別人謝謝我提供這些資訊、對他們很有幫助，我就很高興了。不過事實上，即使不求回報，絕大多數的情況下還是會收到某些回饋。

至於我具體上分享了哪些資訊，比如我去福岡機場的經歷。那種持信用卡就能免費使用的機場貴賓休息室，以前只有安檢區外面才有，但現在裡面也有了。除此之外，以前能用的信用卡有限制，VISA卡不能用，我只能從包包深處翻出JCB卡，好不容易進了休息室……如果我在社群媒體上一一分享這些資訊，以後去福岡機場的人就不必困擾同樣的事情了。

此外，我也分享過關於NTT docomo d卡優惠券的資訊。使用d卡消費可以享約1％的點數回饋，消費達到一定金額還可以獲得優惠券。每年消費達100萬日圓即贈送1萬1000日圓的優惠券，消費達200萬日圓則贈送2萬2000日圓的優惠券。可是不知道從什麼時候開始，這些優惠券不再是放在信封裡寄送，而是改採明信片的形式，有一次我差點就當成廣告單丟了。一問之下才知道這麼做是為了節省紙張資源，屬於SDGs（永續發展目標）政策的一環。我相信也有其他人像我一樣會差點把優惠券丟掉，所以在社群媒體上分享資訊，提醒大家d卡的優惠券已經改成了明信片的形式。

盡量分享即時資訊

我以前就談過第一手資訊的重要性，而這種與值得信賴朋友之間共享的資訊，也是第一手資訊。因為第一手資訊是當事人的經驗談，所以感受更加真實。雖然媒體的資訊基本上也是可以信賴的，但有時候媒體會顧及贊助商，報導上有所顧忌，所以資訊較容易扭曲。正因如此，認識能直接分享親身經歷的朋友也比較安心。當假新聞滿天飛，不知道該相信什麼時，這也能成為判斷的依據之一。

如果你有什麼經歷或發現，感覺對他人有幫助，請大方分享這些資訊。而且最好盡量即時分享，不要隔太久，因為大家也比較喜歡新鮮的消息。

LIFE HACK 60

面對盛氣凌人的人，可以選擇忽視或反駁

有些人會沉浸在優越感裡頭，面對他人時總要表現得自己更優秀一樣。人是社會性的動物，免不了拿自己和他人比較，因此每個人心中都藏著對優越感的渴望。但如果被這種欲望牽著鼻子走，只會和別人結怨，甚至撕破臉。收斂一點才是上策。

這個世上的一切都可以排出次序，大家也都能察覺這些次序。例如，某某公司的層級比較高、年收達某某水準以上的人地位比較高；持有的證照種類、車子、居住地區、房子、學歷，統統存在次序。有些人之所以盛氣凌人，是因為對自己所處的次序不滿意，才會想表現得好像自己高人一等。某方面來說，這是一種出於自卑感的行徑。

因此，真正富有的人不會炫耀自己的財富，高爾夫球球技極佳、可以打到單差點[*4]的人，也不會吹噓自己的桿數。反而是半調子的人老愛看扁我這種只能打到90分左右的溫吞球友，藉此展現自己的優越感。

我騎機車時也碰過類似的情況。那些駕駛技術真正優秀、能夠駕馭重型機車的人，從來沒說過我什麼。但那些自以為老練卻得不到旁人認可的半調子車友，卻會嫌我這個初出茅廬的新手騎重型機車一點都不像話，應該要這樣、應該要那樣，但基本上我根本就不理會這些人。

不必理會對方,或是嚴正反駁對方

面對這種試圖對你展現自身優越感的人,有一個應對方式是**不要理會對方**。儘管被人踩在腳底下的感覺不是很愉快,但你可以將自己擺在更高的位置,告訴自己他們只是處於不上不下的次序才會這樣,並與他們保持距離。

另一種應對方式是**嚴正反駁**。一一反駁他們的論點,對方可能就會覺得自找麻煩,不再找你的碴。反駁時,若想著對方只是想要往上爬卻爬不上去的「可憐人」,就能避免自己情緒化,可以冷靜地辯駁。當你反駁到一半,發現這種人其實挺令人同情時,就可以停止反駁,轉而附和他們的觀點,這樣對方自然而然就不會想輕侮你了。

人就是喜歡分出高下的動物,但這種比較請留在心裡。內心怎麼想是每個人的自由,只要不表現出來都沒問題。即使有人問你的看法、尋求建議,也別直說,要懂得婉轉表達。即使彼此關係親密,也要劃出避免對方不悅的防線,採取迂迴的表達方式,才不會令人反感。這樣可以避免傷害對方,自己也不必感到內疚。

＊4.差點:與標準桿數(72桿)的差距,差點愈低代表打得愈好。單差點為差點0〜9的程度(72〜81桿)。

LIFE HACK 61

培養交朋友的興趣，是一種對未來的投資

我聽過一種說法：與其透過配對服務尋找結婚對象，參加特定興趣的社團更容易找到適合自己、能長期相處的伴侶。我對此深有同感。不只是結婚對象，基於興趣認識的人，因為有共同的話題，聊起來更投機，更能建立深厚的關係。和興趣相投的朋友一起玩，甚至會開心得令人忘我，體驗到「心流」（全神貫注）的狀態。這也讓我體悟到，玩樂與工作在人生中同樣重要。

如果你沒有什麼能和他人一起從事的興趣，建議先培養一個。**我能體會有些人想要獨自享受興趣的心情，但還是建議擁有一項可以與他人同樂的興趣**。愈早開始，就能交到愈多朋友，建立長久的友情，這樣即使到了60、70、甚至80歲，你也能享受這些關係，避免感到孤獨。

如同運用平均成本法中長期投資，愈早開始培養興趣愈好。**百歲時代下，朋友是一種不可或缺的財產，也是應該確保的人力資產**。應該比照將薪水的10％～20％用於投資的方法，將生活中10％～20％的時間投入興趣。而且正如資產需要投資5年才會穩定成長，找到志同道合的朋友並建立深厚友誼，也需要花一定的時間。

理想上，最好擁有3項可以交到朋友的興趣，像我是麻將、高爾夫球和桌遊。我讀書的時候摸過一點麻將，不過是

45歲左右才開始迷上，還考到了職業選手的執照。高爾夫球也是40多歲才開始打，我透過高爾夫認識了200多位朋友，或許還更多。我的朋友圈因此大大擴展，現在我還是每週會和朋友打1、2次球。

雖然新冠疫情期間沒什麼機會玩桌遊，但以前我還舉辦過「卡坦島」、「狼人殺」的桌遊比賽，邀請一大堆人來參加。桌遊能讓人與初次見面的陌生人自然地交談，在嬉笑中結交到朋友。感興趣的人可以到桌遊咖啡廳看看。

為什麼多交朋友是好事

慢跑、網球、保齡球都是可以和他人一起從事的興趣。只要是可以和別人一起從事的興趣，就算只有一個也好，也請務必開始培養，並且努力多交一些朋友。為什麼要趁早結交朋友？因為當你到了一定年齡，身邊的人會相繼離世，如果朋友不夠多，很快就會感到孤獨，因此認識多一點朋友是種「保險」。

有人可能會嫌興趣很花錢又花時間，不過請注意從事興趣帶來的好處：**藉由興趣結識更多朋友，花時間玩樂，可以讓生活更加充實，自己也不會孤獨終老**。當然，從事的興趣不能超出自己的預算範圍，不過擁有興趣不僅能享受當下，也是一種對未來的投資。擁有興趣，是保持身心與大腦健康的最佳手段。

LIFE HACK 62

自己認為的理所當然與別人認為的不同

　　將門口的鞋子擺整齊，按照洗衣標示洗衣服，與人有約時至少提前5〜10分鐘抵達，感覺要遲到時記得通知對方，數十日圓、數百日圓的小錢也不要浪費……這些對我來說都是理所當然的事情，但並不是人人都這麼想，有些人可能根本不明白這麼做有什麼意義。因為所謂理所當然的事情並沒有一個「正確答案」，我們只能尊重每個人的想法。儘管我們和想法相近的人比較合得來，也不能責備那些想法與自己截然不同的人。**縱使是出於好意，也千萬不要建議別人「怎麼做比較好」。**

　　只要對方沒有徵求你的意見，提出建議就只是強加自己的想法在對方身上，造成對方的心理負擔。我將這種行為形容成「建議罪」。如果是社群媒體上看到有人主動徵求特定資訊，積極提供建議是好事，但如果對方只是隨便說點什麼、抒發自己的感想，你卻告訴對方這樣不對或應該怎麼做，等於是變相展現自己的優越感。

　　我一位住美國的朋友，曾在社群媒體上表示自己打開很久沒用的Kindle帳號，打算買一些日本的書，卻發現沒辦法買，很傷腦筋。底下很多陌生人紛紛留言「用這個方法應該就能買了」、「你有試過那種方法嗎」，但我朋友早就試過這些方法了，看到這些建議只覺得很煩。讀者應該能理解這種感

受吧？明明不是你主動徵詢意見，卻還是不得不向給你建議的人道聲謝，光用想的就多了一份心理負擔。

至於該如何應對社群媒體上的「建議罪」，我問了很多人，幾乎所有人都認為無視就好，不用回應這些留言。如果有人不肯罷休，一副高高在上的樣子篤定自己一定比你懂，也可以考慮封鎖他們。

「建議罪」就是雞婆的表現

建議罪就是雞婆的表現。有時候即使對方沒有徵求你的意見，還是給一些建議比較好，例如你知道某人即將蒙受損失的時候，像是告訴準備前往月台的人地鐵因故停駛了，或點醒已經受騙上當的人。雖然很難判斷什麼樣的建議可以，什麼樣的建議不行，但只要具備「建議罪」的概念，就不會認為什麼事都要給對方建議，從而避免自己不慎講出大家都知道的道理，或是將自己的想法強加於他人身上。

即使是合理的建議，也應該替對方著想，思考對方會不會欣然接受這個建議，還是會覺得你很煩。只有在你確定對方會欣然接受的情況下，才可以提出建議，而且態度要溫和。

LIFE HACK 63

不要期待他人與社會「應該怎麼樣」

　　我們往往會在無意間期待他人「應該怎麼樣」,如果對方違背了期待還會感到生氣。例如,餐廳服務生應該迅速帶我們入座,入座後應該馬上端水上來,點完餐後應該在10～15分鐘以內上菜。

　　生活習慣也是,有些人喜歡將房間整理得整整齊齊,有些人則不在意。喜歡房間整潔的人,看到房間亂七八糟的就會生氣,但是對那些不在意的人來說,因為這樣生氣簡直是無理取鬧;他們覺得這種程度的事情根本沒什麼好生氣的。**無論如何,我們要知道自己總會擅自期待別人「應該怎麼樣」,但是每個人對於「應該」的認知不盡相同**。合得來的人,對於「應該怎麼樣」的認知相近,所以相處起來比較少摩擦,但這也不代表雙方的看法完全相同。

　　此外,不同國家和地區的人對時間的觀念也各不相同。在許多國家,火車或公車可能不會準時,但人們並不因此生氣,因為他們不像日本人那樣期待大眾運輸必須準時抵達。他們認為交通狀況難以預測,誤點在所難免。若能擁有這樣的包容心,情緒也會更加平和。如果你發現自己對他人或社會抱持「應該如此」的期待,不妨試著安撫自己,在心裡提醒自己順其自然、隨遇而安。

LIFE HACK 64

察覺「無意識偏見」可以增加自己的機會

「無意識偏見」（unconscious bias）是過去10年的熱門話題之一。無意識歧視、無意識偏見、隱性偏見，稱呼不盡相同，**總之我們必須意識到，人只能透過自己帶有偏見的眼鏡看待所有事物**。

東京奧運舉辦前後，身為日本奧委會會長的前首相歧視女性的發言，諸如「讓太多女性參加理事會，會議會拖很久」、「女性的競爭意識很強」，遭到世人強烈批判，於是引咎辭退會長一職。這些言論的問題，在於將女性一概而論。至於為什麼他會說出這種言論，因為他腦中存在「女性應該文靜」這種無意識偏見，遇到有違自身認知的女性時會感到不快，認為「自由闡述意見的女性和不顧男性立場登台亮相的女性沒大沒小」，於是才會講出上面這些話。

面對符合自己認知的事物，我們自然可以欣然接受，但面對偏離自己認知的事物或不熟悉的事物，哪怕只有一點，我們都會心生警戒，思考這對自己是好是壞。而通常我們會認為這些事物對自己不利，選擇敬而遠之。

結果就是平白蒙受損失。明明好好看清並接受真相有很多好處，人卻會被無意識偏見蒙蔽雙眼，縮限自己的眼界，拒絕認識可能幫助自己成長的人。如果不想白白浪費這些機會，**首先請意識到自己也抱著無意識偏見**。

尤其是頭一次聽說或不熟悉的事物往往超乎自己的認知範圍，所以容易讓人產生反感，而這些反感又很容易轉變成偏見。當你產生反感時，請問問自己「這是不是偏見」，如此就不會抱著太偏頗的觀點看待事物了。

直覺和偏見只有一線之隔

設法消除無意識偏見的知名事例之一，就是管弦樂團徵選演奏員時會隔著一層布幕評選。什麼意思？以前，美國管弦樂團的演奏員幾乎都是白人男性，有人認為這樣不太正常，因此決定徵選演奏員時用布幕將評審與演奏者隔開，而以往雙方是可以看見彼此的。

結果，亞裔黃種人、拉丁裔黑人等少數族群以及女性的錄取率有所上升，現在大約有4成的樂團成員屬於少數族群。也就是說，如果評審看得見演奏者的面貌，就會受到無意識偏見的影響，覺得白人男性演奏得更好。

這個例子說明了我們經常被他人的外表所惑，僅憑外表就判斷一個人的好壞，對他人產生偏見。不過我們之所以會產生偏見，是因為有時候偏見確實能派上用場，可以加快我們的思考速度，避免處理多餘的資訊，幫助我們得以憑直覺發言。言下之意，**直覺和偏見只有一線之隔。依賴直覺行事時，請習慣想一想自己的想法是否出於偏見、是否有誤。**

也有看似正面的無意識偏見

無意識偏見不見得全是負面的形式，看起來很正面的想

法也可能是無意識偏見。假設有一名美國父親和日本母親生下的混血兒，我們可能光看外表便認定他能操兩種語言，於是問「你英語應該很溜吧」。也常有人說混血兒長大後一定都是帥哥美女，但這些話對當事人來說都是壓力。

如果父母都是運動健將，別人就會認為孩子應該也很擅長運動；如果父母學歷很高，別人就會認為孩子應該也很聰明；可是實際情況也許並非如此，而這種偏見可能只會傷害對方。請讀者記住，就算看似正面的想法，仍可能構成無意識偏見。

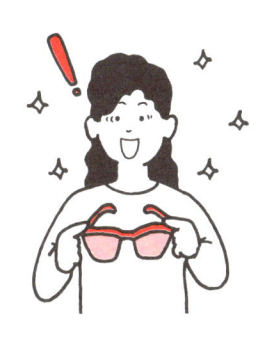

Chapter 5

學習戰略 Hacks！
日日學習新知，天天提升自我

LIFE HACK 65

一心維持現狀會使學習能力下滑

一個不注意，我們就會日復一日做著相同的事情。因為我們知道，只要昨天和今天、今天和明天、明天和後天一直做同樣的事情，一切就會順利。然而世界不斷進步，新的技術、產品、服務接連誕生，**如果我們只是一再做著相同的事情，那麼隨著年齡漸長，我們將被不斷前進的時代拋在後頭**，最後恐淪為他人眼中無法接受新事物的「頑固老人」。

我們之所以年紀愈大愈懶得嘗試新事物，是因為我們已經知道哪些方法有效，覺得沒必要嘗試新的做法。人天生容易感到不安，所以會盡可能節約資源，也因此非常偏好維持現狀。然而，維持現狀久了將失去接觸新事物的機會，學習能力和承擔風險的能力也會下降。

大腦額葉的功能本來就會隨著年齡增長而衰退，人的學習能力和承擔風險能力也會逐漸下降。如果又失去接觸新事物的機會，退化速度恐怕會更快。為避免這種情況發生，我建議**面臨選擇時若感到迷惘，應該選擇嘗試新事物，給自己一個學習的機會。**

例如，即使你知道常去餐廳的A餐很好吃，也可以點點看沒吃過的B餐或C餐。儘管可能不如A餐好吃，甚至難吃，但這也是一種學習機會。另外，當我們到一間新的餐廳時，常常傾向選擇常見的口味，這也是出於喜歡維持現狀的天

性。這種場合，我也鼓勵各位挑戰看看從未嘗過的菜色，刺激五感，活化額葉。

出門時，如果有好幾條路可以走，選擇沒走過的路也是不錯的刺激。走新的路、搭新的交通路線，像這樣體驗未知事物，起初難免伴隨著不安，但也會獲得新發現、新感動和新體悟，於是自然而然樂在其中。

尋找並享受新的學習機會

1天裡面7～8成的時間，用自己熟悉的方式度過也無所謂，**但是剩下的2～3成時間請積極嘗試新事物**。可以想像自己在做實驗，不知道要做什麼菜的時候，就試試看沒做過的菜；不知道要穿什麼衣服的時候，就穿穿看沒穿過的顏色；上常去的餐廳時如果發現新的品項，就點來吃吃看。

思考日常生活中如何創造學習的機會，可以激勵自我，避免墨守成規。將生活中的事情視為學習機會，持續嘗試1、2件新事物，還可以訓練額葉，預防衰老。

LIFE HACK 66

求知慾使人成長

人類之所以能比其他動物成長得更多，據說正是因為擁有求知慾。

我們蒐集資訊或採取某些行動時，往往會衡量得失，例如這對工作或生活有沒有幫助、能不能賺錢、能不能拓展人脈。但是撇開得失，只是想做點新鮮事、來點新想法、嘗試新做法，這種**純粹因為做了新的事情而感到快樂、滿足，即滿足求知慾的行為，也是非常重要的。**

人類在基因設計上，就是會對了解與學習新知感到喜悅。有一個名詞叫「特定感官飽足感」（sensory-specific satiety），形容人如果每餐都吃相同的東西會膩；同樣的道理，總是維持相同的行為或想法也會令人生厭。因此，我們需要滿足那種求新求變的渴望，穿一穿不同風格的衣服、換一個髮型或妝容、認識陌生類型的人、嘗試沒接觸過的運動，乃至於換個工作。

結果成不成功都沒關係，就算沒有任何實質的作用也無所謂，只要能感到純粹的快樂、有趣，做了心滿意足就好，因為這樣就能滿足求知慾了，不需要強迫自己去追求什麼啟發或發現。

我非常喜歡打麻將和玩桌遊。要說這些遊戲哪裡好玩，就是能刺激我的智能。我之所以喜歡看書也是基於相同的理

由；我不會特別挑看了對工作有幫助或當下很熱門的書，而是聽別人分享後自己也覺得有趣，或Amazon推薦列表上看到有興趣的書才會找來讀。

拋開得失與成敗

人一旦追求短期的成功，就會開始打算、計劃，只做那些看起來會成功或有利可圖的事情，遠離滿足求知慾的行動。請各位試著拋開得失與成敗，想一想如何將自己做起來快樂、有趣的事情融入生活。

這種純粹為了滿足求知慾的行動，有時候能帶來啟發，幫助我們打開眼界，轉換思維，甚至意外地能幫助我們找到突破工作僵局的線索，或是新的商業機會。我們與人往來時難免會打點盤算，從「資源」的角度評斷與對方交好有沒有好處、能不能為自己帶來工作機會等等。但我們應該優先考量與對方相處的感覺快不快樂、談話有不有趣。抱著這種感覺待人處事，我們自然而然會想與更多人交流，進而擴大交友圈。

我的YouTube頻道不僅分享能提高工作或家務效率的資訊，也融入了一些讓人覺得有趣，能滿足求知慾的話題；老實說，這類內容可能還比較多。

LIFE HACK 67

知識讓我們得以預測未來

各位聽說過「KIPP」這所美國的公辦民營學校嗎？這是一所專為非裔、拉丁裔以及低收入戶的孩子設立的學校，目的是提升他們的學力，幫助他們擺脫貧困。實際上，確實有許多學生在KIPP學習後成績大幅提升。

KIPP是「Knowledge Is Power Program」的縮寫，意即「知識就是力量」。事實也是如此，知識給了我們爭取更好生活的力量，**知識正是成長的泉源**。

在書本和媒體尚未出現的時代，知識僅掌握於少數上流社會的人手中，而且當時的知識也非常不完整。如今，只要擁有網路設備，任何人都能查看全球各地的知識。以前書籍非常昂貴，現在則只需要1000～2000日圓就能買到大部分的書籍。

我們之所以能找到更便宜、更好的東西，也是因為我們查看優質商家、商品規格和評價，獲得了知識的緣故。選擇工作時也是如此，如果具備相關知識，例如哪個行業比較容易實現自己的願望，擁有哪些證照可以獲得較好的待遇，能不能利用前輩或熟人的人脈，就能蒐集各種資訊，朝著目標付諸行動。事前經過各種調查獲得的新知，也能化為預測未來趨勢時所需的力量。光憑自己既有的想法是不足以做出正確判斷的，因此我認為「知識是現代的水晶球」。

水晶球是占卜師用來預測未來的透明圓球，據說只要凝視水晶球就能看見未來。而對我們這些不懂占卜技術的人來說，知識就是我們的水晶球。我們預測未來時建立的假設，都是基於過去的經驗、他人教授的知識，以及從書本或網路讀到的資訊。一般人用來窺探未來的道具不是水晶球，而是知識。

舊知識會成為新知識的養分

　　雖然我們會逐漸忘記過去獲得的知識，但這些知識其實都會留在我們的潛意識中。你是否曾經在獲得新知識時，突然想起自己早已遺忘的某些事情？這是因為新知識的刺激喚醒了舊知識，兩者產生連結，一併被我們記憶下來。知識就像一座塔一樣層層堆疊，讓我們學會思考新事物，甚至能準確預測過去無法預見的未來。

　　不過，看電視新聞或報紙並不能獲得什麼知識。因為大眾媒體報導的資訊往往強調那些會煽動恐懼、猜疑，加劇悲傷、憤怒的內容，難以成為有用的知識。**若要將知識化為力量，原則上必須親身體驗、與人交談、閱讀書籍、上可以信賴的網站查詢資料。**

LIFE HACK 68

不要尋覓最好的答案。成功是持續追求更好的過程

購買家電或汽車、選擇搬家地點或新工作，甚至決定結婚對象時，都會有人告誡我們要做出最好的選擇，以免將來後悔。不過我認為「最好」這種說法不太好，**因為一旦猶豫什麼才是最好的選擇，行動就會慢半拍。**

實際上，我們根本不知道什麼才是最好的選擇。應該說，這世上根本不存在什麼最好的答案。因為時代、環境、常識以及我們的想法總在轉變，所以最好的答案同樣會不斷改變。也就是說，**「最好」只是一種妄想。**儘管如此，人們仍然渴望自己的選擇盡善盡美，並且像狙擊手一樣，一擊即中、不出任何差錯。然而，既然瞄準的目標本就是妄想，又怎麼可能命中呢？

真正重要的是，**發現看似不錯的目標時，就試著朝那個方向揮桿出球。**實際把球打出去，才會知道目標比想像中還要遠，或是很近但方向完全不對；抑或是發現目標遠比想像中的還要小。我們只要根據這些感想慢慢調整到有辦法達標就行了。

我常說要以「更好」的概念取代「最好」。做任何事情時，可以設立一條自己認為最低限度的合格標準，只要超過標準就可以付諸行動。假如真有所謂的「最好」，那也只是持續追求「更好」所累積下來的結果，並不是什麼可以一次命

中或瞄準好就能得手的東西。如果不明白這一點，行動就會慢半拍，而慢半拍又會令人焦慮，致使出錯。

建立細水長流的機制

很多人開始做一件新的事情時，為了盡早取得成果，會在一開始投入大量資源，一旦沒辦法馬上取得成果又早早放棄，這就是典型的三分鐘熱度。**若想達到期望的成果，細水長流才是關鍵**。

我剛開始經營YouTube頻道時，第1個月的表現非常低迷，好一點的狀況，播放次數也頂多300次或500次。我也一度懷疑這麼做到底有沒有意義，但還是一點一滴做下來，結果到了第2個月，播放次數突然大幅上升，後來便開始穩定成長。從此之後，我每天都至少上傳1支影片。

無論做什麼事、無論怎麼做，只要持之以恆地執行PDCA循環，必定能取得成果。也就是說，**持續是成功的必要條件**。為了讓自己更容易持續做一件事情，必須規劃一套機制。像我每天都會拍影片，所以不會將攝影設備收起來，而是放在顯眼的位置以便隨時使用。此外，我也一直避免攝取精製白米或砂糖。其實這不難做到，只要別將這些東西放在家裡就好。如果家中有這些東西，我可能會忍不住去吃，但如果沒有，想吃就得特別去買，而這會提高心理門檻，讓我放棄吃這些東西的念頭。像這樣建立容易堅持的機制，最後便能成功。

LIFE HACK 69

忘掉以前學過的東西。固執己見只會阻礙自己成長

為何有人年紀一大就「不知變通」？因為當過去學到的知識與新知識相互衝突時，我們會**基於本能想遵守過去學的東西，否定新的事物**。

我自己就對智慧型手機的Android系統犯過這樣的毛病。我的智慧型手機原本是從iPhone 3一路用到iPhone 10，因為當時我以為Android的性能和使用體驗都很差。有一次，我想用的軟體與iPhone不相容，不得已開始使用Android，結果大吃一驚，沒想到這麼好用！

我的認知還停留在Android初期很難用的階段，後來完全沒有更新資訊。反省過後，我用了幾支Android手機消除自己陳腐的觀念，現在我甚至會用Android的手機拍攝YouTube影片。

忘掉舊知識（unlearn）才能促進自我成長

如果不推翻過往的常識與經驗，人只會因循守舊，永遠無法成長。

無論工作、運動還是家事，事情不順利時，通常是做法上有問題，阻礙了自己進步。所以忘掉過去學過的東西，即「unlearn」的概念真的很重要。**暫時放下過去的成功模式，時**

時保持從零開始學習的態度,才能促進自我成長。

一旦被過去的經驗束縛,便很容易看不清楚新的事物,無法做出正確的判斷。假如你還沒辦法將人生藍圖的規劃單位從80歲改成100歲,可能是因為你還沒拋棄過去的知識。未來,AI將逐漸取代人類的許多工作,但同時也預期會出現愈來愈多只有人類能勝任的工作,雇傭形態也將隨之改變。因此,希望大家及早以百年為單位重新規劃人生,以從容地應對未來的變化。

我個人認為,企業這種組織的規模,中長期下來將逐漸縮小。企業在資訊匱乏、市場不成熟且效率低下的時代具有存在價值,但這已經是過去式了。現在隨著遠端辦公的普及,工作方式已經改變。建議各位讀者至少要認知到一件事:企業並不會一直維持現在的型態。

LIFE HACK 70

愛面子會提高失敗的機率

　　人或多或少都愛面子，但是過度就會出問題。人之所以愛面子，是因為對現狀缺乏自信，於是透過「誇大」來掩飾羞愧；然而誇大的模樣並非真實的自我。

　　萬一當事人誤以為誇大的狀態是自己真正的樣子，就會產生過度的自信，變得好高騖遠。換句話說，理想與現實之間產生了落差，所以挑戰新事物時，失敗的機率免不了會高上一些。若無法接受失敗，人就會放棄挑戰，進而陷入無法挑戰所以無法成長、無法成長所以無法挑戰的惡性循環。

　　大多數人經歷幾次這種循環後就會學到教訓，不再那麼愛面子，有些人卻依然故我，用愛面子的盔甲武裝自己。這種人會陷入害怕失敗，卻又渴望被認可的心理狀態，希望別人能稱讚自己付出的小小努力。想要克服這種狀態的方法只有一個，就是放棄愛面子的心態。**放下身段，別人會更容易幫助你，你也更容易獲得有益的資訊**，而且支持你和理解你的人也會變多。愛面子真的一點好處也沒有。

LIFE HACK 71

過度謙虛
會提高失敗的機率

　　謙遜是日本的文化，如果有人誇獎自己，我們習慣說「沒有啦」、「您過獎了」之類的話。即便心裡並不真的這麼想，這些話語中蘊藏的力量也會降低你的能力，削弱你的自信，當你犯下一些雞毛蒜皮的小錯，就會打從心底認為自己真的不夠好。

　　當有人誇獎你時，應該大方接受並真誠道謝。如果想補充什麼，也請選擇正面的話語，例如：「我會照這個步調繼續努力」或「我會持續精進自己」。更理想的做法是找出對方的優點或貢獻，適時地回以讚美，這不僅能培養互相欣賞的文化，也能激發彼此的潛力。

　　其實我以前被人誇獎時也經常謙虛以對，說些否定自己的言論。可怕的是，一旦養成這種習慣，平常就會開始否定自己，想法愈來愈負面，心想反正我就是個女人、反正我就是運氣不好、反正我都這把年紀了⋯⋯人會藉由貶低自己的能力來減少失敗時受到的傷害，這種心理暗示的機制稱作**「自我設限」（self-handicapping）**。然而，一旦對自己下了這樣的暗示，人就會下意識想要證明這一點而變得更容易犯錯或失敗；因為這樣才能避免內心的認知失調。

我沒問題的！我一定能成功！我能做到！

我們腦中難免會冒出否定自己的話語，當這樣的念頭浮現時，應該立即停止思考，不要拿這些念頭當作不行動或做不到的藉口。一旦開始貶低自己，接下來就會冒出「都是因為我能力不夠才做不好」或「都是因為我沒有實績，才不讓我來辦這件事情」之類的藉口。必須停止這麼想，否則這些悲觀的想像會拖累自己，害我們拿不出結果。

相反地，應該要肯定自己：「我沒問題的！我一定能成功！我能做到！」當然，光說不練很難成事，**不過只要你已經付出努力，並且根據情況判斷事情進展順利，就應該對自己有信心一點，相信自己做得到**。儘管有時候會遭遇不可抗力或意外而失敗，但只要告訴自己這很正常，事先設想應對措施就行了。沒必要預設事情必然失敗，畢竟成功的可能性也同樣存在。

為了擺脫自我設限的狀態，學會肯定自己，首先要懂得老實接受別人的讚美並道謝。假如有辦法好好稱讚自己，也能提升自我肯定；還有，別忘了稱讚對方的優點。久而久之，就能跳脫過度謙虛的文化，漸漸地也就不會冒出否定自己的念頭了。

LIFE HACK 72

自己認為對的事情，很多時候可能是錯的

　　無論工作、家務，還是人際關係，都經常出現以為自己沒問題，其實犯了許多小錯的狀況。其中包括錯誤並不嚴重，卻也實在算不上「正確答案」，還有其他更好做法的狀況，更是數也數不清。上司、家人或朋友通常會指正我們犯的大錯誤，**卻不怎麼會指出小錯誤，所以我們自己很難察覺**。

　　例如我們自以為正確無誤且拚命完成的工作，結果卻不盡理想，得不到讚許時，肯定是做法出了問題。這時請同事或上司幫忙檢查，尋求客觀的指標與回饋，即可讓問題浮上檯面。

　　親自下廚招待客人時，也不能完全相信客人說出口的感想，因為只要是成年人都會說好吃。你應該觀察客人有沒有吃完，或有沒有要求再來一份。如果他們吃光了甚至再要一份，就代表他們真的覺得好吃。但如果他們嘴上說好吃，卻沒夾多少，則證明了他們覺得不好吃。**比起語言，透過眼見的事實獲取回饋，更容易掌握真實情況。**

　　至於察覺錯誤之後又要如何修正？最快的方法莫過於請教那些已經會的人。工作上可以請教那些已經做出優秀成績的人，廚藝上可以請教那些擅長做菜的人，告訴他們你目前的困境，尋求建議。那些現在能把事情做得好的人，也是經歷了許多嘗試才走到今天，而你當下應該也在走他們過去的

路,所以不妨請他們告訴你「哪種方法可以怎麼改進」、「什麼地方有什麼竅門」,再根據這些建議修正。

需要修正的地方就是成長的餘地

如果沒有可以商量的上司或同事,可以考慮上商學院或教練課。不想花費太多時間和金錢的人,我推薦看書。只要在Amazon等平台上搜尋自己當前的煩惱,就能找到一系列相關書籍。如果其中沒有你感興趣的書籍,也可以利用 Google 搜尋,瀏覽他人的部落格或筆記,參考他們如何克服相似的煩惱。

像這樣建立一套**能自我察覺做法有誤的機制非常重要**。也就是說,我們應該永遠以自己可能犯錯為前提行動,不斷獲取回饋,如此就能在錯誤還小的階段及早察覺並修正。想要修正錯誤,總得先發現錯誤,所以建立一套能自我察覺錯誤的機制很重要。

接受回饋即面對自己的錯誤,這絕對不是一段愉快的時光,但也不能否認是成長的捷徑。尋找自己需要修正的地方,等於尋找可以成長的空間,因此請積極面對這個過程。

LIFE HACK 73

玩樂正是吸收新知的學習時間

　　遊戲可以分成2種，一種是像賭博或酗酒這種會讓人腦袋一片空白、壓榨自己精神的遊戲；另一種則是可以邊玩樂邊學習的遊戲。我建議讀者平常花2～3個小時玩第2種類型的遊戲。

　　提到學習，很多人會想起以前上學的回憶，浮現坐在書桌前打開教科書，聽老師上課這種一點也不好玩的情景，很難將學習與遊戲想在一塊。然而自古以來，人類透過遊戲發現了許多事物。荷蘭一位歷史學家，人稱20世紀最知名文化史學家的約翰 赫伊津哈（Johan Huizinga）曾說，體育、音樂、戲劇等文化活動本質上都是遊戲，並將人類定義為「遊戲人」（Homo Ludens）。

　　我非常喜歡使用有聲書平台Audible，就連量子力學、宇宙科學、植物學之類與日常生活毫不相干的內容，我也聽得津津有味。我也喜歡打高爾夫球，而思考如何將球打得更遠就和物理學有關，這也給了我了解空氣阻力和風速的機會。換句話說，**玩樂也是吸收新知的學習時間**。相對來說，工作則是產出的行為。如果成天埋首工作，心靈可能會逐漸枯竭。**玩一些能學到東西的遊戲，搞不好還能想到工作上的點子，或找到解決問題的頭緒**。如果將遊戲視為吸收新知的時間，你也會對遊戲改觀，不再認為遊戲的地位比工作低了。

LIFE HACK 74

自學效率很低。只有向別人學習的百分之一～千分之一

自學相當辛苦，而且怎麼學也不會進步。相比之下，**向那些已經熟知技巧或厲害的人學習，即使自己無法達到他們的水準，進步速度也會快上許多**。當然，即使有人教，我們還是得靠自己不斷嘗試才能真正學會一件事。只是比起自學，有人指點至少不會迷失方向，可以走最短路線朝著目標前進。

以高爾夫球為例，一個經驗尚淺但有教練指導的人，技術也往往會優於那些多年下來自學的人。我認為，自學的學習效率可能只有向人學習的百分之一到千分之一。事實上，我雖然打了超過10年的高爾夫球，但也就這2年才有上課。開始上課後，我也明顯感受到自己有所進步。

自學最大的障礙，在於只能從書本或影片單向取得知識，可謂下載型學習方式。而向人學習則是雙向互動，可以獲得大量回饋，這就是造成兩者學習速度差異的原因。不過即使找人教，也要考量對方值不值得信任，與自己合不合得來等問題，也因此有一派人更推崇自學。只是論學習效率，自學真的差多了。如果你想認真學好某件事情，最好找一位教練或報名課程，再不然至少要找一個好的學習榜樣。

LIFE HACK 75

先決定產出的目標，再設計吸收資訊的方法

我們每天都在吸收各方面的資訊，諸如工作、學習、投資理財、保健，但偶爾也會失去堅持的動力。尤其是出於他人推薦或追隨旁人而開始從事的活動，特別容易失去動力。**人如果對吸收資訊感到迷惘，通常是因為不清楚自己要產出什麼。**

為什麼有人說上超市買東西之前要先決定好菜色？因為沒有事先決定當天要做什麼菜（產出），可能會買太多不必要的東西（吸收），浪費金錢和時間。我現在每天會上傳2支影片到YouTube頻道；我設定的產出目標就是「每天上傳2支影片」，所以日常生活中、和他人對話時，自然會收集到可以吸收的資訊。同樣地，如果想要增加收入，只要利用從目標回推的方式，思考進入哪個行業才能獲得自己期望的收入，又需要哪些證照或技能才可以進入該行業，就能開拓通往目標的最短路徑。

就算產出目標只是暫定的也沒關係。比方說，你暫且決定進入金融業，開始學習理財規劃師的相關知識。假設學習過程發現有比金融業更好的收入選擇，也可以隨時調整。無論做什麼，先決定產出的目標再吸收資訊，都可以提高金錢、時間和精力的使用效率。

LIFE HACK 76
內容看過就忘也無妨，停止默念可提升閱讀速度

　　我看書的速度大約是1天1本半，1個月45本，1年超過500本。我有時也會「聽讀」Audible的有聲書，但大多還是用看的。常有人很驚訝我怎麼有辦法看這麼多書，而我也很驚訝一件事：竟然有那麼多人介意自己不記得讀過的內容。

　　人本來就會忘記事情。看書獲得的資訊只是短期記憶，僅有一瞬間會停留在意識中，但幾乎不會轉變成中長期記憶，而是殘留在潛意識。**所以忘記讀過的內容很正常**。各位有沒有看書看到一半，突然覺得自己對某段內容有印象？那通常是因為你以前讀過那本書。閱讀的記憶會留在潛意識，只是我們平時不會想起來。

　　儘管不會想起來，這些大部分留在潛意識中的記憶仍會改變我們的行動，或成為新點子的靈感來源。容我再次強調，**閱讀是潛意識的行為**。既然讀過的內容會留在潛意識，那麼忘了也無妨。這麼想是不是覺得看書輕鬆多了？就像你看了某部電影或電視劇而大受感動，久了也不會記得細節。你或許無法完整描述劇情，但聽到別人解說還是能想起自己看過那部作品。閱讀也一樣，抱著這種輕鬆的心情就好了。如果是因為覺得自己看書很慢才逃避閱讀，我建議放棄在腦袋裡默念內容的習慣。

速讀的祕訣就是別在腦中默念

很多不擅長閱讀、看書速度很慢的人，是因為習慣先在腦中默念文字，再理解這段文字的內容；這種理解方式有點像對話。既然不是一看到文字馬上理解意思，當然很花時間。

我絕對不會默念文章。我看到文字的瞬間就能理解意思。因為我從小就有閱讀習慣，所以一看到文字，意義就會瞬間進入我的腦袋。起初，我1次只能理解1行的內容，後來慢慢可以1次理解2行、3行，現在甚至可以1次理解半頁的內容。因此我要理解一件事情時，比起看YouTube影片，看書的速度快多了；而且聽讀的速度也不如閱讀。

建議讀者停止在腦袋中默念，挑戰一眼理解文章內容。看漫畫時，我們通常會先看圖，看整幅畫面，然後才看字。將文章拆成不同區塊理解的方式，也許很類似看漫畫時視線移動的狀況。雖然可能要花點時間才會習慣，但持續練習也會產生複利效應，可以1次理解愈來愈大量的內容。

現代看書的人少，成功人士也是少數。如果你不想和大多數人做一樣的事情，建議養成閱讀的習慣。你讀過的內容都會留在潛意識裡面，所以讀過就放心忘了吧。

LIFE HACK 77

嘗試「聽書健走」

　　許多人常感嘆自己缺乏運動，應該多活動一些；也有不少人希望多讀書，卻總因生活忙碌而無法騰出時間。想要一舉解決這2個問題，最好的方法就是「**聽書健走**」。這樣不僅能同時運動與閱讀，還能讓身體與大腦雙重受益。

　　我每天會盡量走上1萬步，大約7～8公里，耗時約1個半小時～將近2小時。只要為了工作或買東西出門3～4次，就能走上1萬步。走路時，我會打開Audible的應用程式，或利用Amazon平板電腦Fire HD的朗讀模式聆聽Kindle上的書。搭乘大眾交通工具時，勢必會經過車站等人多的地方，所以我會戴耳機；至於平常走在路上時，我會使用頸掛式揚聲器。

　　如果用聽的，我不到3天就能聽完1本書。雖然每本書的難度和朗讀速度不盡相同，但對於看書速度慢的人來說，聽書可以有效提高閱讀速度。我習慣調3倍速聽，這樣1天就能聽完半本～1本書。如果以3天1本的速度來計算，1年就能讀120本左右。

　　閱讀最困難的地方，就是坐著看書時很容易分心；而健走的最大障礙則是容易無聊，就算邊放音樂，充其量也只能當背景音樂。如果只是單純走路，我們會想要縮短時間，傾向搭大眾交通工具或開車。但如果2件事情一起做，**走路時就**

能維持適當的專注度，又能聽書打發時間，所以不會感到勉強，反而會覺得愉快，更容易堅持下去。健走時也會動到肌肉，刺激腦部，幫助自己更容易理解書的內容。

Audible的費用調降，平板電腦也只要1萬日圓左右

想要輕鬆解決運動不足的問題，可以考慮通勤時多走1個車站的路。以東京的情況來看，車站與車站之間的步行路程約15分鐘。只要習慣這樣的距離，未來在需要移動相同距離時，也會更願意選擇步行，自然而然就能輕鬆達成每天1萬步的目標。而對於約2公里的距離，無論搭乘大眾運輸或步行，所花費的時間其實相差無幾。

習慣走路之後，走起來的速度自然會更快，形成一種有氧運動。常有人說走一公里的路需要15分鐘，但這是走比較慢的情況，習慣之後其實只需要10～12分鐘。我自己通常11分鐘左右就能走1公里，偶爾一看手錶，上面還會顯示我做了45分鐘、60分鐘心率在一定水準以上的有氧運動。這讓我有種賺到的感覺，因為我只是正常走路而已。

現在Audible的服務費用合理多了；而Amazon的Fire HD買舊一點的版本也堪用，Fire HD 8的價格大約1萬日圓。雖然購買耳機等設備還需要額外花個幾千日圓，但我覺得就算是當作一開始的投資，也比健身房的入會費和月費總和便宜。此外，**聽書健走還能學到提高年收入或過得更幸福的訣竅，可謂相當有意義的一項投資**。

Chapter 6

時間戰略 Hacks！
如何有效運用有限的時間

LIFE HACK 78

機會的中獎機率只有1～2成

俗話說機會女神只有瀏海，必須及時捉住。因此，有人介紹我有趣的人或案子時，我都盡可能積極參與。不過我還有一項同樣重要的原則：如果發現**那其實不是個好機會，就要立即停損**。我絕不會去想沉沒成本的問題，不會可惜已經投入的金錢、時間和精力。

看似不錯的機會，通常也只有1～2成的中獎機率，其餘8～9成都是一場空。積攢這些不會中獎的機會只是一再浪費時間、金錢、精力，進而錯失下一次機會。一旦發現人或案子沒有預期的那麼好，速速拉開距離才是上策，千萬別深陷其中。人往往會覺得對介紹人不好意思、不想被討厭，於是遲遲不敢了斷。但想提高中獎的機率，只能多嘗試各種機會，而這麼做的前提是果斷割捨落空的選擇。

總之，我們雖然要及時捉住機會女神的瀏海，但如果發現機會不怎麼樣，也要懂得趕快放手。可以花半年到1年的時間觀察，如果過了半年發現成功機會渺茫，最好就立即停損。即使改變做法，也頂多再堅持半年，如果過了1年還沒有成功，我建議乾脆撤退。

花了1年都上不了軌道的事情，可能不適合自己

無論做什麼事情，順風的時候總是無往不利，但這其實是因為你發揮了累積許久的能力，或者你剛好非常適合做這件事情，只是你自己沒察覺罷了。如果事情進展順利，通常半年內就會上軌道。那些嘗試了超過半年仍然不順遂的事情，就算再多做1～2年，甚至3年，成功的可能性也很低。因此，我建議**訂下1年的時限，如果半年內無法成事，頂多再嘗試半年就要果斷放棄**。

我持有日本的會計師和中小企業診斷士證照；而在我的印象中，考取到證照的人，大多只要花個1年就能輕鬆考到，那些埋頭苦讀3、4、5年的人反而怎麼考都考不到。我想這主要還是適不適合的問題。遺憾的是，即便花了好幾年的時間通過考試，未來的職涯發展恐怕也不樂觀，因為不適合。聽起來可能很殘酷，但我認為大家還是應該尋找自己適合做的事情。

如果一件事進展不順，不妨果斷放棄，轉而嘗試新的事物。過度執著於不順遂的事，反而容易困在原地，錯失更好的機會。因此，我建議在半年到1年內設下停損點。人際關係亦然，無論是工作還是私生活，尤其是伴侶關係，過於執著往往無益。如果經過半年到1年仍無法修復關係，或許選擇各走各的路會是更好的決定。

LIFE HACK 79

日程表留一點空檔，才有動力嘗試新事物

很多人規劃日程表時常犯的錯誤，就是將約會和待辦事項排得太滿，沒有預留空檔。我們需要一些無所事事的時間來消除身心的疲勞，重新調整心情。尤其是晚上，**建議睡前預留1～2小時的空閒時間**。這有助於調節自律神經，讓我們從交感神經主導的活動模式，切換至副交感神經主導的放鬆模式，提高睡眠品質。

這段時間可以倒在沙發上看書、陪寵物玩耍，或心不在焉地瀏覽社群媒體。這些並不是「壞事」；各位務必了解，我們每天都需要1～2個小時這樣的時間，身體和大腦才能正常運作。

我和人相處時會相當顧慮對方，很容易感到疲憊。所以與人會面後，我不會立即安排下一個約會，而是留半小時～1個小時的時間什麼都不做。這樣可以讓我好好恢復精神，之後表現得更好。

如果無法每天安排1～2小時什麼也不做的時間，**至少每週要安排1天沒有任何行程的日子**。這一天純粹拿來休息，一整天懶懶散散也沒問題。不過，除非真的精疲力盡，否則要一整天無所事事其實滿困難的，你很快就會覺得無聊，自然而然想找點事情做。而這種時候，特別容易想做一些想了很久但遲遲沒做的事情。

人愈閒愈有創造力

我們處理待辦事項時，往往重視緊急程度勝於重要程度，結果就是將不緊急但重要的事情往後延，甚至從待辦事項清單中移除，心想之後有時間再做。比如，將報稅方式改成e-tax（日本國稅電子申報暨繳稅系統）；閱讀買回來後囤了許久的書；覺得最近吃太多外食，決定自己做飯；整理已經塞滿衣櫥的衣服。每週至少要留1天沒有任何安排的日子，才會有動力做這些事情。

人一旦受不了自己無所事事，必然會想要做點什麼。人沒事久了也會反彈，開始想做一些新的或有創造性的事情。這種衝動非常珍貴，請務必趁機隨心所欲地做想做的事。如果每週有1次這樣的時間，1年就有52次。就算只有其中一半的次數採取行動，也能充實生活，人生也會因此轉好。如果每週有2〜3次這樣的時光當然更好，不過這對一般上班族來說可能比較困難，所以還是建議先從每週1次開始。人要閒下來才會想要做家事、運動或學習。既然閒才是能量的泉源，那麼也沒理由將行程排得密不透風。

當我發現想做或感興趣的事情，我會用Google Keep記錄下來，有空時打開來檢查並處理。這種殺時間的方式可以讓人生變得更好，十分推薦。

LIFE HACK 80

拖延等於「欠下時間債」

　　我們明知有些事情馬上處理就能馬上解決，卻老愛拖延，心想截止日期還久，不必著急。這種拖延已經成了一種習性，使我們變得優柔寡斷，容易造成不必要的迷惘，害自己既苦悶又煩惱。**拖延事情只會增加多餘的處理步驟與流程，浪費時間，欠下「時間債」。**

　　這就好比借錢，借了之後馬上還清的利息比較少；如果分期還款，利息就很可觀。各位可以將拖延事情造成的多餘步驟和流程想像成利息，而我為了避免利息累積，什麼事情都會盡量提前處理。例如，我每天發送的電子報，通常都會事先準備好幾天的內容。既然早就做好維持每天送信的準備，即使工作繁忙或發生突發事件也不必慌張；這些準備也可以視為「時間存款」。

　　我們會存錢以防萬一，或以備哪天可以購買自己想要的東西。同樣的道理，我會提前準備好電子報的內容，以免未來被時間追著跑。我談到定期定額中長期投資時，建議預先從薪水中扣除投資費用，而不是拿剩下的錢投資；至於提前行動就好比替未來預留更多時間。用金錢的觀念思考時間，你會更願意立即採取行動。行動提前得愈多，「時間存款」就愈豐厚。只要具備這種意識，人自然會對提前行動更加積極。

利用視覺防止拖延

我有一項防止自己拖延的方法,就是**將那些我會想延後處理的東西放在非常礙眼的地方**。比如,我經常將需要拆開來確認的信件放在鍵盤上。假設有急事找我,對方應該會打電話或發電子郵件,所以我會下意識延後確認信件。可是其中也可能包含一些重要的通知,不能直接扔進垃圾桶。所以我會放在鍵盤上,讓自己檢查完才有辦法開始工作。

所謂拖延的事情,就是明知道最好趕快處理卻遲遲不碰的事,所以只要一看到,自己心裡就會不舒服。一旦感到2次、3次不舒服,你就會想盡快處理掉它們,讓自己輕鬆一點。而且處理完也會發現其實一點也不麻煩,於是心想早知道就趕快搞定了。

我經常透過Amazon買東西,如果回到家時看到玄關放了包裹,我會立刻拆開包裹,取出商品,折好紙箱拿去垃圾場,這些事情統統做完後才會進家門。無論我回家時多麼疲憊,看到Amazon的包裹都會立刻處理掉。

LIFE HACK 81

堅持的關鍵在於與人快樂交流。踽踽獨行很難堅持到底

　　據說，從事參與人口較多的運動比較容易持續下去，從事參與人口較少的運動則較難堅持下去。好比上健身房，報名喜歡的團體課，和其他學員交朋友，或找個和自己合得來的教練，也會比一個人默默訓練來得容易提起幹勁。

　　我會做VR運動，但常常偷懶，我想主要還是因為沒有朋友或教練可以互動。雖然虛擬教練會鼓勵我，但這並不是雙向交流，所以很難保持動力。相較之下，我能夠持續上高爾夫球的課，也是因為和教練有來有往。

　　工作和學習也不例外，一個人的話難免會想偷懶。如果沒有能互相打氣或扶持的夥伴，做事很難堅持，也很難取得成果。而即使工作再艱辛，只要有夥伴在身邊，我們也能保持積極的心態克服困難。

　　換句話說，想要堅持做一件事情，靠個人的馬力是不夠的。這樣通常只會淪落2種情況：要不找不到成就感而感到厭煩，要不做不出成果而放棄。這是因為，**與人快樂交流就是我們活著的一大獎勵**。各位要想，正是因為我們會和別人交流，比如討論工作、談論興趣、分享運動的經驗，我們才有辦法堅持到底。

　　我能夠持續上傳YouTube影片的一大原因，就是因為有留言區。觀眾留下的感想、意見和提問，都鼓勵著我努力提

供更好的內容。寫書也是如此，讀者會在部落格或社群媒體上提及我的著作，或者在購買的網站上留下書評，這些都給了我持續寫下去的動力。

做任何事情都要從結交同伴開始

如果你做事總是半途而廢，或許可以考慮將工作、學習、運動和興趣視為與人交流的手段。只要將工作想成與人交流的機會，你自然會更積極找人交流。而從中建立的關係會成為發動引擎，讓你更容易堅持下去。

開始做任何事情時，也要積極認識能夠開心交流的同伴。這些同伴可以在你缺乏動力時給予支持，你的想法也會在各式各樣的意見交流下煥然一新，提升產出成果的品質。

與人交流才是主角，工作、學習、運動、興趣統統都是配角。用這種方式看待事物，我們做事的方法和思考的方式都會轉變，發現新的觀點，打開眼界。

LIFE HACK 82

錢不能亂花，時間更不能浪費

金錢可以利用投資增值，經濟有困難時還可以向他人或銀行借錢。然而時間只會隨著壽命逐漸減少，而且沒有任何人或時間銀行能夠借時間給你。因此，我們平常**不能亂花錢，更不能浪費時間**。

像我對服裝沒有太大的興趣，也討厭挑選和試穿衣服，所以喜歡airCloset這種可以幫我節省時間的訂閱制服裝租借服務。我更討厭撕開包裝、拆掉吊牌的動作，而airCloset的衣服既沒有吊牌，還會根據我告知的喜好和尺寸替我搭配好再送過來，讓我不必花時間做自己不喜歡的事情，這對我來說真的是幫了大忙。這樣不僅省了一筆錢，更重要的是省下了時間，這也是我喜歡這項服務的一大原因。

此外，我也討厭排隊。雖然人也不是因為喜歡排隊才排隊，都是出於無奈，但除非有什麼特殊目的，否則排隊就是浪費時間。最浪費時間的例子莫過於西銀座彩券中心的1號窗口，傳說那個窗口買的彩券最容易中獎，所以很多人排隊。買彩券本身就是浪費錢的舉動，我建議能不買則不買，更何況還要排好幾個小時才買得到，簡直是浪費時間。如果你真的很想買彩券，我也不會阻止你，但至少到附近的彩券行隨便買1張就好了，這樣頂多只會浪費錢，不會浪費時間。

另外，看無聊的書也是浪費時間，**更別提看那些不會**

留下半點記憶的新聞節目或綜藝節目，這簡直是浪費中的浪費。至於遊戲，像麻將或桌遊這種可以與人面對面交流的遊戲不會白白浪費時間；但是無法看到對手的線上遊戲或面對AI的遊戲，只會單純剝奪你的時間，因此我認為這也算浪費。

遲到等於浪費別人的時間

與人有約時，我會盡可能避免遲到，因為我不想浪費對方的時間。反過來說，我也會避免主動邀約經常遲到的人。買東西時，愈高價的東西往往愈教人猶豫不決，**但如果浪費了半年或1年猶豫要不要買最新型號的產品，還不如選擇前面1、2代的型號，花相對便宜的錢享受更多使用產品的時間。**

我不喝酒也是因為不想花錢買對身體有害的東西，而且喝醉後什麼也做不了，實在太浪費時間了。與其喝酒，我更願意將時間花在閱讀、運動或其他有意義的活動上。因此，我不太喜歡參加大多數人會喝酒的場合。如果不喝酒，大家只要聊1個半小時～2小時就能盡興，一旦黃湯下肚，可就沒辦法這麼早結束了。這種情況下，我會先行告辭。

有些我們習以為常的事情，其實也是浪費時間。一旦察覺請好好改善，將省下來的時間花在自己喜歡的事情上。

LIFE HACK 83

採取離峰行動。避免供不應求的窘境，提高效率與舒適度

離峰行動，就是使用大眾交通工具，上餐廳、健身房或娛樂設施時選擇避開高峰時段。也有人會離峰通勤或上學，充分利用移動的時間閱讀或學習。

大眾交通工具的高峰時段是早上和傍晚；餐廳的高峰時段則是用餐時間；而健身房或娛樂設施則是週末，這種人潮洶湧的時段都處於**「供不應求」**的狀態。這種時候只會人擠人，排隊排很久，令人感到不滿與不快。但也正因為高峰時段的需求很大，供給方大多會調高服務價格。大多服務的供給方都會將人多時段的價格調高，人少時段的價格調低，這也很符合供需法則。

至於**「供過於求」**則是相反的狀況。人少的時候，無論去哪裡都能以自己舒服的步調享受良好的服務。供給方通常會在這種時段降低價格，試圖吸引更多顧客。

毫無疑問，**挑供過於求的時段從事活動不僅更划算，也能避免浪費時間**。對供給方來說，空閒時段上門的客人都很難得，所以自然會提供更好的服務，於是使用者也能受益，形成雙贏的局面。我認為這是離峰行動的好處之一。

離峰行動還能降低發生事故的風險

我每次去北海道，都會去「回轉壽司toriron」吃飯。由於這家店非常有名，中午12點過後和晚餐時段都很多人，所以我通常會選11點剛開店或下午3點半～4點半這種沒有太多人用餐的時段上門。去靜岡知名的漢堡排餐廳「炭燒餐廳SAWAYAKA」時我也會這麼做。我會先上他們的官方網站查詢每間分店的等待時間，挑不用等太久的時段上門。

出差時，我會盡可能選擇提前1天到達或延後1天返回，這也是一種離峰行動。如果要旅行，我會避開擁擠的星期五和星期六，選擇星期天出發，星期三返回。這麼一來搭飛機或新幹線時就可以放輕鬆，好好享受旅行的感覺。

開車出門時，我會盡量避開塞車時段。塞車不僅令人疲憊，還會增加事故發生的風險。即使自己小心駕駛，也難保不會被其他人造成的事故波及。如果想要安全、安心地駕駛，那麼最好採取離峰行動，避開交通高峰時段。

LIFE HACK 84
「刻意偷懶」可以累積時間

我們往往會將1天24小時的行程塞得密不透風，甚至有人會犧牲睡眠時間學習或閱讀，但這樣會降低隔天的工作效率，對身體也不好。因此，**我建議做家事或其他事情時「刻意偷懶」，擠出更多時間**。

原則上，我會根據過往經驗，省略掉一些即使偷懶也不會影響結果的環節，並專心處理那些用心就能保證結果有一定品質的事情。

舉1個小小的例子，我認為煮完飯後沒有必要用清潔劑仔細刷洗鍋子的背面。因為主要是鍋子的裡面會有一些油汙，背面則只要稍微清洗或用水沖過就夠了。另外，有些人做燉菜時會削掉蔬菜的邊角，以免燉煮時散開，但只要使用正確的切法仔細切菜，蔬菜的切面就不容易破損，也不容易燉爛。具體來說，要保持菜刀與蔬菜成30度的角度，並利用菜刀的重量，以往前推的方式下切。如果硬剁，蔬菜的切面就很容易破損，即使花時間削掉邊角還是很容易燉爛。

好吃的冷凍食品也是節省烹飪時間的好選擇。如果注重健康，建議選擇添加物較少或無添加物的產品，但只是偶爾吃一點的話也不必太擔心。我會常備不含任何化學調味料的「Soup Stock Tokyo」，懶得自己煮湯時就直接泡來喝。

精明偷懶，累積時間

除了減少要做的事情，一開始就選擇方便處理的東西也是一種偷懶方式。以毛巾為例，我不喜歡用太高級的毛巾，因為洗的時候得多費點心思，徒增麻煩，所以我習慣大量採購7-11的PREMIUM系列毛巾。一律購買白色的毛巾也是偷懶的重點之一，這樣洗衣服時就不必按照顏色分類，可以一起洗。而且白色容易髒，方便我判斷更換的時機。

我平常穿的內衣幾乎都是UNIQLO的商品，不需要特別細心呵護，可以直接用洗衣機洗，還可以拿去烘。如果材質很高級或設計很細膩，就不得不手洗、調整好形狀後再吊起來晾乾。要我每天這麼做太麻煩了，所以這也是我想要偷懶的部分。

大家也可以**仔細檢視一下自己平常做的事情，分辨哪些步驟需要、哪些步驟可以省略**。取捨的標準在於會不會影響到結果，只要會影響到結果的部分多用點心，就能維持水準又累積時間。不只是做家事，閱讀時也可以偷懶。很多人認為一字一句讀透很重要，其實更重要的是吸收並分享一些自己認同的內容給別人，或是盡可能多親身實踐這些內容。鼓勵各位閱讀時也可以想點辦法偷懶。

LIFE HACK 85 不希望時間被手機剝奪，就留給自己一段不碰手機的時間

智慧型手機會讓人上癮，這種成癮性和酒精、香煙、零食完全相同，甚至也有所謂「手機成癮症」的說法。智慧型手機的誘惑很強，光是放在手邊就會讓人忍不住去碰，結果好不容易騰出的時間就這麼毫無意義地消磨掉了。閒暇時間用來處理原本延後的事情或嘗試新的事物才有意義，才能讓人生變得更好。**漫無目的地滑手機，瀏覽社群媒體、影片或新聞，等於是浪費時間**，只會白白失去機會。

想要減少碰手機的時間，唯一的方法就是提高接觸的難度。具體上有2個辦法，1是物理方面：不要將手機擺在身邊。我在家幾乎不碰手機，因為我會將手機的充電座放在視野之外的遠處，一回家就將手機放上去，這樣在家時就必須特別走過去才能用手機。

由於智慧手錶也可以撥接電話，所以我不需要用到智慧型手機；至於收發電子郵件或查資料時，我會使用電腦。我是因為這樣才不會碰手機，但我知道手機只要擺在視線範圍內，我就會忍不住拿起來查看社群媒體貼文的回應，或瀏覽有趣的影片，所以才故意將手機放在很遠的地方，避免接觸。

想要戒掉手機成癮症，先從「隔絕網路」開始

第2個方法，是多用沒有連接Wi-Fi的平板電腦等設備取代智慧型手機。平板電腦只要不連上Wi-Fi，就無法聯絡任何人，也沒辦法上網，能做的就只有看書或聽音樂。我自己平常只會在購買和下載電子書時才會連接Wi-Fi，其他時間都關著。雖然我偶爾也會用平板電腦查東西，但查好後也會立刻關掉Wi-Fi。

很多人都說要戒掉手機成癮症，但其實**應該做的是隔絕網路**。只要「隔絕網路」，使用數位裝置也能用有意義的方式打發時間，而且不必擔心成癮的問題。

有些家長會限制孩子使用手機的時間和地點，例如只有全家人都在客廳時才能使用，不能帶進自己的房間，吃飯時不准看手機，睡覺時要將手機收起來。成人也應該自行設立這樣的規範。

如果使用手機時不遵守這樣的規範，就會像沉迷於酒精、香煙、零食一樣，想戒也很難戒掉。手機和上述物品一樣，都是很容易上癮的嗜好品，我們必須克制一點，以免自己的時間徒遭剝奪。而且這樣也可以避免接觸到多餘的資訊，藉此減輕壓力。

LIFE HACK 86

每天1000分鐘的時間預算。若壽命剩40年，也只剩下1萬4600天

　　雖然1天有24小時，但扣除8小時的睡眠時間，實際能活動的時間只有16小時，換算成分鐘就是16乘以60，等於960分鐘。方便起見，我們算1000分鐘，而這就是1天可以用的「時間預算」上限。

　　假如我們**做某件事花了10分鐘，就等於使用了1天時間預算的1%**。60分鐘（1小時）等於6%，120分鐘（2小時）等於12%，各位應該可以想像這是多麼可觀的量。

　　看電視、Netflix、YouTube時，1、2個小時一下子就過去了。如果看的是影集，又會想知道接下來的情節，於是不自覺地看下去，轉眼便過了3、4個小時。如果能想像這樣等於花掉1天時間預算的18%～24%，你是不是就會覺得自己在浪費時間了？這就是我取消訂閱Netflix的原因。建議各位讀者將時間視同金錢，不要浪費，要善加利用。

　　我相信很多人都覺得工作很痛苦、很辛苦，不過只要想像自己一整天有8小時（8乘以60分鐘＝480分鐘），等於一半的時間預算都花在工作上，那麼當然辛苦。再加上通勤時間，單程50分鐘，往返100分鐘，總共花了580分鐘，相當於用掉了1天一半以上的時間預算。從這個角度思考，你自然希望盡可能將時間花得更有意義，例如減少工作中無謂的部分、利用通勤時間聽電子書蒐集資訊，甚至毅然決然向上司

提議取消不必要的會議或文書工作。

更進一步來說，你會想要從事更有價值的工作，或者充實工作以外的興趣，珍惜自己的時間。**能妥善運用每天1000分鐘的人生是幸福的**；而要說浪費時間是陷自己於不幸也不為過。

每天都會做的事，在10分鐘內完成

我自己煮飯時，會設定每餐的準備時間為10分鐘，相當於1天時間預算的1％。使用無水鍋等料理家電的話，只要切好食材，按下開關就好了，10分鐘就能準備完成。如果準備時間超過10分鐘，那麼1天3餐自炊的情況就會超出時間預算，讓自炊形同負擔，難以堅持下去。

每天都要做的事情，最好在10分鐘內搞定，也就是控制在1天時間預算的1%以內。反過來說，如果每天只花10分鐘做那些過去始終無法堅持的事情，心理負擔也不會太大，更容易堅持下去。無論是自炊、學習、運動還是閱讀，都可以嘗試看看每天只花10分鐘。

我每天都會拍攝影片並上傳YouTube，並且盡量拍得精簡一點，每部影片的長度大約3～5分鐘。我以前也會拍長達10分鐘左右的影片，但自從意識到這等於要觀眾分1天時間預算的1%給我之後，我就開始將影片縮短為3～5分鐘，這樣觀眾只會花到他們0.3%～0.5%的時間預算。此外，1支3～5分鐘的影片，從拍攝、確認內容、製作縮圖到上傳，大約只需要花20～30分鐘。即使一天上傳2支影片，也只需要用到1小時，可以控制在1天時間預算的6%以內。

以天數而非年數計算壽命

我們每天有1次運用1000分鐘的機會，用了365次便是1年，而同樣的事情重複個90～100遍，一生就過完了。請各位試著以天數計算自己的壽命，而非年數。

例如，40歲的人如果能活到90歲，那麼還有50年乘以365天＝1萬8250天。30歲的人則還有60年乘以365天＝2萬1900天。

我現在54歲，假設還能再活40年，那麼剩下的壽命就是40年乘以365天＝1萬4600天。換句話說，1天就是壽命的1萬4600分之1，10天就是1460分之1，而相當於3個月的100天則是146分之1。一年四季以3個月更迭1次計

算，我只能再體驗146次季節的更替，這麼一想不禁教人緊張了起來，同時也打從心底認為自己應該只做自己真正想做的工作，只和真正想往來的人交流。

此外，若生活習慣不健康，例如睡眠不足、缺乏運動、酗酒、吸煙、大量攝取糖分，那麼這1萬4600天的壽命還會不斷減少。我們常用「蠟燭」來比喻一個人剩下的生命，但這終究是比喻，很難讓人確切了解實際的狀況。**但以天數看待壽命，自然就會很清楚自己該做什麼、不該做什麼**。知道自己不應該虛擲光陰在看電視或上網，應該重新思考工作的方法和意義，注意保健，這樣才能找到讓自己幸福的方法。

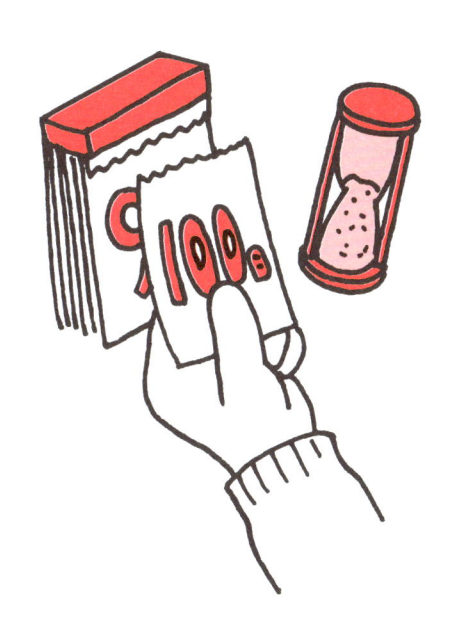

LIFE HACK 87

從小地方開始節省，存下「未來的自由時間」

我們平常在工作、家事、挑選衣服和化妝時並不會想太多，但其實其中藏著許多可以節省時間的做法，一旦意識到這件事情，**從小地方開始節省時間，就能存下更多「未來的自由時間」**。愈早開始節省，就能累積愈多時間，將來就會有更多時間做自己喜歡的事情。

舉例來說，我化妝1次大約要4分鐘。以前要5～6分鐘，現在縮短到了4分鐘。訣竅就是每一樣化妝品都只準備1種，底妝、粉底、眉筆、腮紅和口紅都只有1種，這樣就不需要花時間挑化妝品，只要打開、使用，再打開、使用，重複幾次就結束了。而且，自從我發現額頭不需要上粉底後，又省下了10～20秒。粉底的主要功用是填平毛孔，但額頭的毛孔不太明顯，所以我判斷不需要塗。千萬別小看這10～20秒。如果每天能省下10秒，1年就可以省下1小時；20秒就是2小時；30秒就是3小時；100秒就可以省下10小時。

此外，我還買了自動貓砂盆，這在更換貓砂和清理周圍掉出來的貓砂上節省了我不少時間。料理方面，我原則上只使用鹽和橄欖油調味，這樣也能節省時間。我有台料理家電，只要加這2樣調味料就能做出不錯的味道，我只需要挑選適合的食材。至於沒辦法用這2種調味料做出好味道的食材，我就不會用。

「未來的自由時間」多多益善

我以前會自製YouTube影片的縮圖,現在則改從YouTube自動生成的縮圖中挑選順眼的。我都是用智慧型手機拍影片;我知道很多人喜歡用無反光鏡相機拍攝,但我之所以選擇手機,是因為物理層面上手機比相機更小更輕,影像檔案的容量同樣更小更輕量,處理起來相當方便。如果每次都要為一些瑣事浪費時間,我肯定會覺得拍片很麻煩,所以我認為一開始就選擇不麻煩自己的方法比較聰明。簡單來說就是提前排除未來可能形成瓶頸的因素。

我從30多歲就開始這樣儲蓄時間,因此到現在50多歲,我才能將時間花在高爾夫球、運動、旅行等等我喜歡的事情上。當然,我也希望60歲以後能繼續做很多我喜歡的事情,所以我會繼續在各種小地方節省時間。聽起來跟存錢很像,實際上也確實是同樣的感覺。使用時間要像存錢一樣,設法讓自己未來可以用得更加輕鬆。

多存一些「未來的自由時間」,年紀大了也會更容易嘗試新事物。萬一失敗,也還有時間重來,所以可以在會失敗的前提下勇敢嘗試各種事情。我認為這樣的人生有趣多了。

LIFE HACK 88

習慣提前5分鐘行動，以便應對突發狀況

各位聽說過「5分前精神」嗎？這是舊日本海軍的傳統，意思是任何準備都要在5分鐘前完成，確保所有事情於準點同時開始。假設任務預計9點開始，就必須在8點55分前站定崗位，否則將視同違反軍紀，受到懲處。據說這項傳統如今依然留存於日本的海上自衛隊、陸上自衛隊和航空自衛隊。這種精神也俗稱「5分前行動」。

這項概念類似緩衝時間、寬裕（slack）、緩衝區（buffer）。如果做事習慣提前5分鐘行動，那麼**即使出門前發生突發狀況，例如接到電話或碰巧遇見熟人，也能被這5分鐘緩衝掉，不至於影響到後續行程，也不會造成自己的壓力**。所以我通常會比預約的時間早5分鐘抵達美容院或醫院。提早10或15分鐘抵達會浪費太多時間，而提前3分鐘又不太充裕，所以5分鐘是一個絕妙的平衡點。

與人約會時，我總是習慣早點到，通常會提前5～10分鐘抵達。我身邊的人都知道我不會遲到，所以如果我沒有準時抵達，他們就會猜我忘記了，馬上聯繫我。而事實上我也真的忘記自己和人有約不少次，為此到處向人賠不是⋯⋯但我想也是多虧我習慣提早5分鐘行動，別人才可以這麼容易預測我的行動。

Chapter 7

理想自我戰略 Hacks！
跳脫「常識」，幸福度日

LIFE HACK 89

增加金錢買不到的幸福

經濟學上有**「地位財」(positional good)**與**「非地位財」(non positional good)**2個概念。地位財是指能藉由與他人比較獲得滿足感的財產，例如金錢、社會地位、房子、車子、名牌商品。非地位財則是與他人無關，可以讓人主觀上感到滿足的財產，例如自由、愛情、健康、優質的環境。

擁有更多地位財，可以使人感到富裕，招來更多人的恭維。然而，不知道是幸還是不幸，地位財只要花錢就買得到，也因此容易形成浪費。一旦揮霍無度，家財散盡後，便再也無法購買地位財，那些阿諛奉承的人也會迅速鳥獸散。但當事人也深知這個道理，所以才持續購買地位財，留住他人。仰仗地位財的幸福勢必伴隨著危機感，恐懼如影隨形。

相較之下，非地位財則包含想做什麼就做什麼的自由、珍惜家人和寵物的心情、與朋友愉快的談話，還有對自己每天都能健康生活的感謝之情，這些都是金錢買不到的東西。我的其中一項非地位財，就是2隻愛貓，奇洛和奧歐。牠們從出生數週以來便與我相伴，至今已經10多年，雖然牠們都是混種貓，無法當作地位財自豪，卻是完美的非地位財。

我的愛鳥草莓也是無可取代的非地位財。我偶爾會將牠放在手上玩，那副模樣可愛極了。奇洛、奧歐、草莓都為我帶來了無與倫比的幸福。

「地位財」與「非地位財」都要滿足

地位財帶來的幸福感通常不會持續太久，非地位財帶來的幸福則比較持久。因此，很多人主張應更加重視非地位財。不過我認為地位財也需要適度的重視，**因為少了地位財帶來的穩定生活，我們很難產生增加非地位財的動力。**

二戰前至戰爭期間，日本人民只要能滿足生理上的需求，例如吃上飯、不生病、有個遮風擋雨的地方就很幸福了。而在戰後物質匱乏的時代，地位財成為幸福的主要象徵。後來經歷了高度經濟成長期與泡沫經濟，逐漸走向現代壓力社會，大家更加重視非地位財帶來的幸福。如今想要充實身心，則必須適度地滿足地位財與非地位財。

重點是「適度地滿足兩者」。每個人對於兩者的平衡認知不同，但通常隨著年齡增長，人會擁有更多地位財。這時，金錢可以買到的地位財保持最低限度即可，至於錢買不到的非地位財則要努力維持或增加，如此便能滿足心靈，提高幸福感。思考如何不花一分一毫取悅和娛樂自己，自然會看見自己真正該做的事情，而且還能減少金錢上的浪費，簡直是一石二鳥。

最極致的幸福，是將他人的幸福視為自己的幸福

人際關係上，我最重視的價值觀是利他精神。如果有人問路，我知道在哪的話會用淺顯易懂的方式告訴對方；就算我不知道在哪，也會陪對方看地圖，一起思索路線。搭電車的幾十分鐘，我不會找位子坐，這樣就不用每次靠站時觀察

有沒有老年人上車,替自己省下一些麻煩。

親切待人是一件令人心情愉快的事情。不只是因為別人會向自己道謝,更多的是因為能提升自我肯定感。無私的親切行為,比任何事物都能提升自我肯定感,能真正令自己感到幸福。當我們意識到這一點並加以實行,就能拋開利益得失,活得更加輕鬆,幸福感也大幅提升。將他人的幸福視為自己的幸福,才是最極致的幸福。

倘若親切的背後打著盤算,一旦對方反應不如預期,我們可能會感到不快。另外,如果從事志工活動對自己來說是一種犧牲也一樣。真正的志工在幫助他人時不求任何回報,是不受時間與金錢所困的人才有辦法從事的選擇性善行。

LIFE HACK 90

誠實面對自己的好惡

從小大人就教導我們挑食不好，像我小時候並不喜歡青椒和洋蔥那種脆脆的口感，就算不想吃，大人還是會逼我吃，所以我每次只能強忍想吐的感覺硬吞下去。關於人際關係，我們學到的也是不要挑三揀四，要和人人和睦相處。然而，當我長大成人，我開始認為**人應該重視自己對於事物的好惡感受。**

長大後，我喜歡上了青椒。至於洋蔥，只要我自己切得仔細一點，不要破壞組織，就能正常入口；但如果在外面吃到隨意剁開、釋放出辛辣味的洋蔥，我就完全無法接受。人會討厭某樣東西都是有原因的。以工作來說，做自己不擅長的事情往往效率很差，怎麼做也做不出個結果，反而愈做愈容易陷入自我厭惡的情緒，又無法得到他人的認可，結果狀況一路惡化下去。

我覺得很多人會將「克服討厭或不擅長的事物」視同「克服自己的短處與缺點」，但我認為這種想法是錯的。**我們的好惡其實是非常重要的感應器**，可以幫助我們找到合適的工作，避免造成人際關係上無謂的摩擦。如果你對某個人感到一絲反感或不自在，除非有什麼特殊理由，否則最好盡快遠離對方。如果世上除了你和對方之外再無他人，那麼當然有必要和對方打好關係；但這種情況只會發生在無人島上。

世界很大，我們有權利與各式各樣的人交好，沒有必要勉強自己和不喜歡的人往來。

不要用理性或知性壓抑自己的喜好

或許我們可以說，運氣好的人是因為懂得將自身喜好當作一種感應器，成功在自己喜歡且擅長的領域有所發揮，所以比較少受挫，容易做出成果。相反地，運氣不好的人，則往往用理性或知性壓抑自己的喜好，花費時間和精力做那些該做或不得不做的事情。這樣勉強自己只會增加壓力，提高健康亮紅燈的風險。

人喜歡或厭惡某項事物肯定其來有自。**重視自己的好惡，不要忽視或壓抑背後的原因，勢必能幫助你找到工作的成就感，提高工作表現；人際關係方面，也能因此結交到更好的夥伴。**

我們的喜好並非全部都在童年階段形成，即使長大成人，我們依然會對生活中的一切感到好惡。例如，吃午餐時遇到態度友好的店員，或是朋友穿著很適合他們的衣服，整個人改頭換面，這些都可能讓人產生好感。相反地，我們也可能對某種室內設計風格或某種調味感到不快。留意這些小小的好惡，可以釋放被壓抑的情感，減輕心情的負擔，更容易活出自我。

LIFE HACK 91

危機是提高生活品質的大好機會

每天兢兢業業地完成例行公事,過著平凡、平靜的生活就很幸福了,誰也不希望碰上危機。然而當危機來臨,迫使我們改變工作或生活的方式時,**通常也是一個好機會,可以激發我們嘗試新事物的意志**。

我從事證券分析師的時候,就是正常工作,表現還算不錯,薪水也挺好,日子過得相當充實。然而後來主管換人,一切也變了樣。當時日經新聞有一項證券分析師榜單,如果想要爭取高分,名列前茅,就必須服務很多沒賺頭的中小金融機構。我當時並不重視這項排名,只要自己在顧客排名能維持前面幾名就滿足了。然而,新主管決定按照這份證券分析師榜單重新分配座位,表示排名高的人可以坐靠窗的好位置,排名低的人則會被安排在辦公室中央。

這位主管是因為自己排名第1才會說這種話,我可沒那個閒工夫奉陪,於是決定辭職。不只是我,還有好幾位分析師也離職了。半年後,我開始從事投資顧問,但1年半後遭遇了第2次危機:金融海嘯。我流失了所有客戶,無法繼續從事投資顧問,於是決定轉換跑道,開始撰寫付費電子報,創立勝間塾[*5]。

危機接連發生,生活的基礎轟然崩塌,打擊巨大無比。但人得要徹底崩潰一次才有辦法改頭換面。我認為自己當初

有辦法做出改變相當幸運,至今也依然認為危機就是轉機。

危機是解決問題的契機

「塞翁失馬,焉知非福」、「樂極生悲」這些諺語都意謂著人生的幸與不幸總是攪成一團螺旋。壞事發生時,我們總會陷入負面思考,但其實也可以轉個念,將壞事想成好的預兆或情況好轉的信號,這樣就能好好調整心情。

一個典型的例子是離婚或與伴侶分手。與親密的人分開,勢必令人感到撕心裂肺。不過人也不會哪天心血來潮就提分手,通常都是半年、1年、2年、3年下來關係逐漸惡化的結果。很多人即使隱約意識到彼此的關係出了問題,也不願意面對,得過且過,最後才演變至無法挽回的地步。

當這種情況發生,我們會覺得自己跌落谷底,彷彿世界末日,深信自己再也不會認識新的對象,整個人灰心喪志。**但我們也可以將一段關係的結束,想像成密布許久的烏雲終於散開**。其實分手以前,我們早已發現關係惡化,卻選擇視而不見。如今問題只是浮上檯面,無論好壞都有了結果。而事情一旦塵埃落定,之後就只會朝著好的方向發展,分手是一種「跌落谷底的體驗」,之後只會觸底反彈。

發生天大的好事時,要提高警覺

壞事發生時,只要相信這是轉機,接下來情況會好轉,就不會一直深陷低潮。反過來說,好事發生時也不要得意忘形,應該提高警覺。人在好事連連發生時特別容易掉以輕

心，提高疏忽或誤判情勢的風險。因此這種時候必須特別留意，重新打開視野，努力讓好事延續下去。

關於世事禍福相倚的知名例子，莫過於彩券中了大獎的人。這些人在中大獎的瞬間都達到了幸福的巔峰，無一例外。而中獎者使用這筆錢的方式通常有2種：一種是比較務實，例如充當事業資金或拿去投資，或捐給慈善機構；另一種則是大肆揮霍。而揮霍的人容易招致他人嫉妒，引禍上身，例如碰上詐騙。

當你欣喜若狂時，別忘了謹慎調整心態。**遇到天大的好事，更需謹慎行事，妥善管理風險，避免樂極生悲。**

＊5.作者擔任講師，每個月邀請各界專家和會員召開講座與讀書會的學習性質社團。

LIFE HACK 92

不要逃避面對問題

發生問題或狀況不好時,最好立即找出原因,但人往往會想要逃避。簡單來說,是因為不想承認事情進展並不順利,所以抱著「雖然有問題,但大體還算順利」、「船到橋頭自然直」的心態,苟且偷安。但也不必我多說,逃避無法改善狀況,拖得愈久,問題只會愈嚴重,愈來愈難根治。

想要排解遲遲無法面對問題的心情,倒是有一些方法,那就是喝酒、抽菸、玩手機、打遊戲。這世上有無數種逃避現實的方式,但就算原本只是想暫時轉移注意力,這些東西也會讓人上癮。

因此,**我們平時就要持續檢視自己的生活是否存在問題**。如果發現問題,無論再不想面對,也必須逐步解決。

尤其很多牽涉到家庭或職場人際關係的問題都很複雜,需要花很多時間解決;健康問題也不是1、2天就可以改善的事情。想要解決這些狀況必須有點耐心,不過只要發現並正視問題,就代表你已經朝著改善的方向邁進。假如選擇逃避,問題則會愈來愈糟。2種態度造成的結果迥然不同。

解決問題的過程可以建立自信

我動過扳機指(手指的肌腱炎)的手術,後遺症是我的

手指有時候沒辦法完全伸直，這令我非常困擾，但我更不想承認自己的手指變形……然而拒絕面對事實也無濟於事，後來我調查許多資料，經過多次檢查，終於確定這種手指關節活動受限的狀況叫作掌腱膜攣縮（Dupuytren's contracture）。

唯一的治療方法就是多伸展手指，所以我努力持續復健，終於恢復到不影響日常生活的程度。現在我動過刀的手和另一隻手幾乎看不出差異，未來我也打算繼續多伸展手指。

雖然我真的很不願意承認自己的手指變形，但不承認就無法朝著康復的狀態前進。一旦承認，就能下定決心邁步向前。**所有問題都一樣。就算每次只有一點點，只要持續改善都能帶來喜悅，建立自信。**

LIFE HACK 93

培養「捷徑思維」。
有時比起正面突破，
抄捷徑能更快達成目標

　　橫向思考又稱水平思考，是商業人士必備的思維之一。意思是追求目標或解決問題時，應避免陷入既定的觀念或理論，而是從各種角度自由思考，想出新點子。

　　追求目標或解決問題時，不見得每次都能用標準的方式正面突破。這種情況下，與其從正面硬碰硬，不如思考有沒有其他更好的捷徑。

　　培養這種「捷徑思維」，將大幅改變你應對處事的方式。建議各位面對事情時，至少考慮3～4條路（含標準的路），並選擇對自己最有利的那一條前進。

　　我19歲便通過了日本的會計師考試，而且1次就考過。我是向大我11歲的姐姐尋求建議後，才學會1次就考上的方法。具體來說，她介紹我認識一位考上會計師的朋友，請對方教我如何準備考試。

　　想要當上會計師，正常的方法是上專科學校。但專科學校1個班40～50個人裡面，每年只有1、2個人能考上，這代表照學校的方式學習幾乎不可能通過考試。大家都是從頭開始學習，彼此之間的能力上應該沒有這麼大的差距，那麼比較有可能是學校的教法有問題，因此我認為直接問實際通過考試的人比較快，便去請教了姐姐那位考上會計師的朋友。

尋找捷徑即是尋找最短路徑

當時我還是高中生，對方則是素未謀面的社會人士。平日我獨自前往他的辦公室，照他的方式念書，念了1年真的成功考到了證照。但這是30多年前的事情了，如今考試的制度也有所改變，我不確定同樣的方法還適不適用，總之具體來說，他要我集中火力練習簿記。專科學校都是同時教授7個科目，但他建議我無視其他科目，專心學習簿記。

於是我真的就只念簿記，幾乎不上專科學校其他科目的課，反而額外報名了簿記1級課程，從3級開始逐步往上念到2級、1級。結果，我準備了1年就通過考試，而且還拿到相當高的分數。我甚至覺得比起簿記1級，會計師的考試內容還相對簡單一些。

如果當時我只懂得正面突破，不知道結果會怎麼樣……我很慶幸自己從以前就有這種找捷徑的思維。

LIFE HACK 94

自信過剩對成長沒幫助。可以有自信，但剛好就好

社會普遍認為有自信是一種好的狀態，也因此許多人認為缺乏自信不是件好事，但其實沒自信也有很大的好處。自信過剩的人往往聽不進別人的意見，即使有人指出錯誤、情況生變，他們也不會改變自己的信念或價值觀，因此難以適應變化。至於缺乏自信的人，正因為對自己沒什麼信心，所以很看重別人的意見，也更願意彈性應對他人的指正與狀況的變化。

但人還是需要擁有適度的自信，倘若陷入冒牌者症候群這種極度缺乏自信的狀態，那就太負面了。具體來說，**做決定時願意聆聽他人的意見，但最終仍能自行作主，有這種程度的自信就足夠了**。

只要意識到自信過剩是個問題，人就不會自命不凡，也不會出於無聊的自尊心而死不認錯。懂得認錯，是人得以大幅成長的關鍵。因此我們不必自信過度，也不必因為缺乏自信而憂心忡忡。比方說當事情一帆風順、自己也自信十足時，能夠稍微警惕自己「是否沒有看清周圍的情況」，這樣的程度就剛剛好。

事實上，實力不足的人更容易佯裝自信十足的模樣；為的是保護欠缺實力和自信的自己。只要實力培養起來，就不再需要偽裝，自然能帶著適度的自信生活。

LIFE HACK 95
不必強迫自己正面思考

不知各位讀者有沒有聽說過血清素（serotonin）？這是一種神經傳遞物質，別名「幸福荷爾蒙」。血清素的分泌量是由基因決定的，可以分成多、中、少3種程度。6成以上的日本人都屬於分泌量較少的類型，這使得大多數人比較愛操心，容易感到憂慮；只有少數人屬於樂觀主義者。

我明顯也是多數的一員。每次思考將來的事情，總有一陣茫然的不安襲上心頭，忍不住往壞處想，一下子擔心自己生病了怎麼辦，一下子又擔心自己遇到什麼麻煩怎麼辦。出國時我也靜不下心來，買東西的時候一直提防扒手和詐騙，用餐時也會格外注意衛生狀況。我做過一項「MYCODE」DNA檢查，檢查結果也證實了我的性格就是愛操心且很容易感到不安。

因此，我做事時極度傾向迴避損害，審慎管理風險。不過在旁人看來，我這樣似乎相當消極，也有人建議我要放輕鬆，正向思考。但我的個性就是這樣，想改也改不了。如果讀者也有和我一樣的經驗，我建議大方承認自己就是愛操心，別再強迫自己正向思考了。**愛操心不完全是壞事**，正因為愛操心，你才會妥善管理金錢和健康，替自己的未來做好萬全的準備。而這種性格也讓你總是如期完成工作，從不違反約定，因此更容易獲得他人的信任。

LIFE HACK 96
想要過得幸福，最大的祕訣就是放棄與別人比較

我有位認識多年的朋友，名叫渡邊奈都子。她是一名諮商心理師，也是日本一般社團法人幸福心理教育學院的理事。她說過一句話：「一個人想要過得幸福，最大的祕訣就是克制自己別和他人比較。」我聽了不禁茅塞頓開。

我們是社會性的生物，總是忍不住與別人比較，比收入、比外貌、比住的房子、比開的車、比伴侶，什麼都要比，藉此確認自己所處的「位置」。如果覺得自己比較「高等」就會開心，感到幸福。換句話說，幸福是一種自己比旁人優越的感覺。即使某人收入有一定水準，看到旁人賺得更多也開心不起來，很難感到幸福。

重要的是擁有自己的「軸心」，才不會一直想拿自己與別人比較，或避免受到比較的結果擺布。「軸心」就是自己的價值標準，也可以說是自己真正重視的事情、無法妥協的原則，或優先順序較高的事物。

以吃飯為例，如果一味追求高級，那麼一餐其實可以吃上幾萬、幾十萬，甚至更貴，根本沒完沒了。相比之下，我十分喜愛的蕎麥麵店「茹太郎」和速食店「儂特利」，只需要花500～600日圓就能吃得好又吃得飽。如果你是那種，覺得別人午餐可以吃到1萬日圓，自己卻只花得了500～600日圓很可悲的人，恐怕很難感到幸福，也很容易浪費錢。

像我這種人，無論什麼時候吃到茹太郎的什錦炸餅都覺得酥脆美味，也覺得「儂特利」的漢堡肉汁飽滿，吃得讚不絕口，心滿意足。坦白說，我根本不在乎旁人吃什麼高級午餐。因為比起高級的食物，便宜又好吃的食物才是我的優先選擇。

愛比較的人容易浪費錢

我從以前就十分納悶，為什麼有人要買賓士或BMW？明明同等級的日本車只要三分之二甚至一半的價格，何必花那麼多錢買進口車？說穿了，這筆錢只是用來支付運輸和經銷的費用，更別提進口車的維修和保養費用有多高。也就只有認為開賓士或BMW比旁人「更高級」，並因此感到幸福的人才會買這些車了。

事實上，我的第2任丈夫就是這種人。我們結婚的期間，他說什麼也要買賓士，所以我也開過賓士一段時間。但我只覺得浪費錢，一點也不高興。離婚時我將賓士車給了他，此後我只開過日本車。

此外，我也很納悶為什麼那麼多人想要花大錢買最新一代的iPhone。明明盲測不同手機拍攝的照片時，iPhone的表現並不出色，但還是有許多人想要擁有最新一代的iPhone，八成是因為覺得這樣更引人注目、更有面子吧；就和進口車一樣。如果你買東西的動機之中含有與別人比較的成分，最好注意一下自己是不是在浪費錢。

為什麼人都沒錢了還會浪費錢？

根據渡邊奈都子女士所言，沒錢的人之所以還會繼續浪費錢，是因為他們明明收入不高，卻模仿高收入者花錢的方式。我聽了又是一次醍醐灌頂。這些人明明收入不高，消費傾向卻升高，導致金錢不斷流失，這樣不僅沒錢儲蓄或投資，甚至可能出現入不敷出的情況。

即便收入不高，也有一大堆方法可以讓生活過得滿足，例如租便宜一點的房子；減少外食，自己下廚；購買家電時選擇價格較便宜的前幾代型號；穿UNIQLO或GU的衣服。除此之外，再撥出收入的10%～20%採取我推薦的平均成本法定期定額中長期投資，經濟上會更加富足，生活也會更加幸福。為什麼有些人無法做到這一點，反而總是模仿高收入者的方式花錢？**根本原因就在於這些人拿自己與他人比較後，覺得自己更「低等」。**

人類難以擺脫愛比較的天性，而比較的頻率與對比較的敏感度，取決於天生的性格與成長環境。不過，透過後天的訓練，建立自己的「軸心」，也可以降低比較的頻率和敏感度。**只要搞清楚自己喜歡什麼、想做什麼，並滿足自己優先考量的需求，那就萬事OK了**。像這樣找到符合自身軸心的幸福，也能避免浪費。

LIFE HACK 97

與其追求快感型幸福，不如增加充實型幸福

幸福分成2種：快感型幸福和充實型幸福。大多數的快感型幸福可以花錢買到，特徵是會瞬間達到喜悅和歡樂的巔峰，但持續時間不久。相較之下，充實型幸福則很難用金錢買到，雖然喜悅和歡樂不至於達到巔峰，但能長期維持在一定的水準。

喝酒就是快感型幸福的典型例子。喝酒後，酒精的作用會讓人感到飄飄然，整個人放鬆下來，談話也變得愉快起來，但這種幸福感只存在於喝酒的期間。飲酒過量會對肝臟造成負擔，引發高血壓、心臟病、糖尿病、癌症等各種健康問題。上高級餐廳、旅行、美容、按摩以及購買名牌商品，也都屬於快感型幸福。

充實型幸福的典型例子則是親切待人。例如：替不認識的人指路，對方向你道謝；幫別人提重物，對方表示你幫了大忙；或是給工作上的後輩一些建議，對方因此順利完成了工作而感到開心，這也能帶來充實型幸福。當對方高興，自己也會感到開心，一整天都有好心情，因此第2天你也會想親切待人。這麼一來，不但每天都能過得愉快，也能提升自己的風評。投入興趣、與家人和寵物共度時光、為了健康而自己做飯或做運動，這些都屬於充實型幸福。

人類需要快感型幸福，也需要充實型幸福。然而，分配

幸福的投資組合時，我建議以充實型幸福為主，快感型幸福為輔，或只要稍微點綴的程度即可。**以比例來說，快感型幸福建議占2～3成**。因為快感型幸福愈多，愈容易損失金錢或健康。

人會警惕偏重快感型幸福的人

我們看一個人時，會產生各種印象，比如看起來很溫和、可靠、有趣。我們同樣能憑感覺察覺眼前的人偏重快感型幸福還是充實型幸福。

偏重充實型幸福的人，容易讓人敞開心扉，別人相處起來也會感到滿足。至於偏重快感型幸福的人，則會讓人擔心與他們相處是否很花錢。如果雙方都是偏重快感型幸福的人，相處時容易相互較勁；而偏重充實型幸福的人和這種人相處起來則話不投機，還會擔心被看不起，因此敬而遠之。

想要避免這種情況，**請時時提醒自己努力增加充實型幸福**。一旦養成習慣，你自然而然會親切待人，還會毫不猶豫地撿起路上的垃圾扔進垃圾桶。因為你會讚許自己做了這件事，並從中獲得幸福。**這樣的幸福不僅不花錢，對社會也有貢獻，簡直是最無懈可擊的幸福。**

LIFE HACK 98

人對於沒做的事情會後悔一輩子

人挑戰某事失敗時，經常後悔當初何必嘗試。但不挑戰，日後又會後悔當初為何不嘗試。很多人說與其什麼也不做而後悔，不如做了再後悔，我也持相同意見。當然，前提是自身的預算和時間允許，不過猶豫要不要做某件事時，我傾向去做。**因為不做會讓人耿耿於懷，甚至後悔一輩子。**

嘗試一件事，成功率有3～4成就不錯了，其餘6～7成不是失敗，就是結果不盡理想。即便如此，這也是寶貴的學習機會，一定可以累積經驗。俗話說失敗為成功之母，失敗會提高下一次嘗試的成功機率。不做就什麼都學不到，經驗值和成功率也無法提升。3～4成的成功率感覺起來很低，但以第一次嘗試來說已經很高了，因此我建議盡可能選擇做了再後悔。

重點是將眼光放得長遠一些，去經歷那些你認為對自己的人生有益的事情。人通常年紀愈大膽子愈小，但我們可是活在百歲時代，為了始終保持活力，各位務必記住：與其後悔當初沒做，不如做了再後悔。

LIFE HACK 99

眼見的不一定是對方的一切

人都有羨慕別人的時候。如果只是單純羨慕倒還好，但也有不少人看到別人光鮮亮麗的模樣卻會反求諸己，開始鑽牛角尖。工作方面，也有很多人看到別人備受讚揚時，會對自己深感無力。

這些都是不必要的情緒。為什麼？**因為你看到的不是那個人的全部，你只看到了對方正面的部分**。事實上，對方也有許多負面的部分，只是因為看不到，所以才顯得那麼光鮮亮麗。另一方面，我們對自己負面的部分瞭若指掌，所以看到別人散發光彩自然不是滋味。如果能看到對方負面的部分，就不會有這樣的情緒了。

每個人對外都會盡量展現出自己好的一面。正如「表面」一詞的意涵，大家都會隱藏自己不好的一面，基本上也只會挑精采的事情分享於社群媒體，例如和崇拜的人一起工作、吃了高檔美食、出門旅行等特別的時刻，沒有人會刻意分享「今天寫了成堆的帳單」、「午餐吃了撒上香鬆的飯」這種枯燥的內容。社群媒體上的自己往往比真實的自己亮麗了1.2～1.5倍，甚至2倍都有可能。

那些經常分享精采生活的人，通常是利用這些內容變現，銷售商品、服務或知識的人。既然是在做生意，當然不會講負面的事情。但其實他們也有負面的部分，也會犯錯、

失敗，出狀況，只是沒有讓人看到罷了。

別人是別人，自己是自己

我們看到別人光鮮亮麗的一面會心生羨慕；至於那些存在感薄弱、態度冷淡、沉默寡言等印象上比較負面的人，我們會覺得他們不怎麼樣，反而自己還好上一些，並產生優越感。但要知道，我們只是剛好看到對方負面的部分，事實上他們也有正面的部分。雖然實際情況很難說，但我相信也有人只是在公司裡沒什麼存在感，從事運動或音樂等興趣時活躍得簡直像另外一個人。

這樣一想，就會發現**拿自己與無法看透的他人比較毫無意義**。我們何必看到對方的某一面就急著下定論，感到羨慕、沮喪或優越？與其浪費時間在這些無意義的情緒上，應該多花點心思交流有用的資訊，相互砥礪成長。

如果你明知沒有意義，還是不由自主地與他人比較，請在此刻下定決心「別再比了」！別人是別人，自己是自己。別人多采多姿的故事習慣聽一半就好，不必過度欽羨。習慣之後，你就不會再羨慕他人，也會懂得如何四兩撥千金。

清楚事情在自己心中的優先順序，就不會羨慕他人

我曾聽一位皮膚光滑、頭髮亮麗的女性分享，才知道美容竟然這麼花錢、花時間、花精力。我驚訝極了，甚至肅然起敬，也體認到每一位美人背後都有變美的理由和歷史。但如果問我能不能做到同樣的事情，我只能說抱歉，美容這件

事對我來說沒那麼重要，所以沒辦法。雖然我沒辦法做到同樣的程度，但還是願意學習一些我也能輕易模仿的美容方法。

即使你對於變得和別人一樣漂亮有興趣，如果美容這件事在你心中沒那麼優先，你自然也只會挑能做的事情做。假如美容在你心中的優先順序很高，你肯定會刨根究底。無論哪種情況，都沒有時間羨慕。人之所以會羨慕別人的原因之一，就是不清楚一件事情在自己心中的優先順序。

如果你發現自己在某件事情上會羨慕他人，請想一想這件事在自己心中的優先順序高不高。有時候我們只是跟著別人起舞，其實沒那麼感興趣。當你懂得區別事情的輕重緩急，沒事就不會羨慕別人，反而會懂得效仿他人身上有參考價值的地方。

LIFE HACK 100

尋找自己的最佳實踐
＝尋找正確答案

很多人努力實現某個目標的過程，比如換工作、考證照或學習語言，會模仿前人的做法，因為這樣能走最短路徑，更容易達成目標。不過我想推薦各位尋找自己做起來更順手、更舒適的方法。簡單來說，**就是尋找自己的最佳實踐（best practice），遵循自己的正確答案做事**。

工作也好，念書也好，甚至做家事、做運動，每個人面對任何事情都有一套適合自己的做法。我們會從父母、上司或前輩身上學習標準的做法，但這通常並不完全適合自己。因為每個人的特長、經歷以及五感的敏銳度都不一樣。因此，比起如法炮製，不如調整成自己舒服的方式。即使這樣可能要花上更多時間，多少繞點遠路，但你也不會感到壓力，可以做得開心又做得久。

學來的方法，對教你的人來說可能是他們的最佳實踐，但對你來說可不見得。你可以先按照學到的方法嘗試一遍，再自行調整做法，例如「某個環節換一個做法比較輕鬆」，或是「這裡加上一個步驟會更好」，這樣更有助於你實現目標。如果你過去很難堅持某件事，可能是因為你強迫自己適應別人的最佳實踐。請尋找屬於自己的最佳實踐吧。

結語

　　無論是運動、樂器、舞蹈、書法、繪畫，任何才藝只要持之以恆地練習，誰都可以拿出不錯的表現。同樣地，**只要持之以恆地實踐百歲時代的人生戰略，人人都能過上自由精采的生活**。

　　而持之以恆的關鍵，在於養成習慣。人的意志力很薄弱，所以必須替自己建立一套容易堅持下去的機制。例如每個月的薪水預先撥出10％～20％，用來充當定期定額中長期投資的資金。如果總是「拿剩下的錢投資」，八成會半途而廢，但預先撥出一筆錢，一開始就當這筆錢不存在，也就不需要靠意志力投資，於是得以堅持下去。

　　我在書中談到「打造能自由活動的身體」時，提倡在車站裡多走樓梯取代搭手扶梯，這件事其實很容易養成習慣，因為每個車站都有樓梯。假如樓梯是很少見的東西，或得花上一番力氣才找得到，就很難維持爬樓梯的習慣；但既然樓梯隨處可見，就沒有理由半途而廢。讀者剛開始培養爬樓梯的習慣時，可能看到車站的樓梯就會想到我（笑）。有些人或許一開始不太情願，但仍心想：「既然勝間女士都建議這麼做了，我還是乖乖爬樓梯吧。」

　　幾次之後，你一定不會再想起我這張臉。其實爬樓梯比搭手扶梯的效率還要高，還不必承受與他人距離太近的壓力，相信各位不用多久就能轉投「樓梯派」的懷抱。之後，當你看到排隊搭手扶梯的人龍，或許還會覺得「他們白白浪

費了鍛鍊身體的機會」。除此之外，無論是縮短工作時間、提高工作效率的訣竅；不過度期待他人的思維；安排日程表時預留空檔的時間管理方法；克制自己與他人比較的方法，**都只有前面幾次需要刻意為之，到後來就能自動維持下去了。**我明白頭幾次是個瓶頸，很多人可能遲遲提不起勁，畢竟我們都喜歡「易行道」。

易行道就是任何人都能輕鬆完成的修行，例如只要誦念「南無阿彌陀佛」就能前往極樂世界。這未免把事情想得太簡單，也想得太美了。雖然我們不需要苦行或難行，但如果想要前往極樂世界，好歹要學會誦念般若波羅密多心經，或者善待他人之類的，至少要腳踏實地做好能做的事情才對吧。

時不時就會有人問我，怎麼樣才能說好英語，但聽到我說要先增加單字量，大部分的人都會大失所望。大家明明想練就一口流利的英語，卻又想跳過背單字的階段，這根本是天方夜譚。該做的事情做了，才可能得到結果；如果什麼都不做，自然不會有結果。如果該做的事情只做了一半，那就只會得到一半的結果。不必我多說，唯有做了該做的事，又付出額外努力的人，才能得到成功的結果。

現代有很多易行化的商業模式，這或許也代表了被「洗腦」的人有多少，比方說大家都想輕鬆存錢、輕鬆賺錢、輕鬆提升技能、輕鬆減肥。當然，我們不必勉強自己做超出能力範圍的事情。**堅持的祕訣，就是將事情控制在不必費力也能持續的地步。**持續久了，這些經驗、技能、體力、智慧、人脈都會像運用平均成本法的中長期投資一樣，「複利」成長。因此，用不費力的方式堅持下去才是最划算的，這樣樂

趣和喜悅也會隨著年齡增長而增加。相反地，如果什麼都不做，你和那些持續付出的人之間，差距也會以複利形式擴大……有人說如今的日本社會，收入、消費、價值觀都呈現兩極化，人生路或許也不例外。

我相信每個人都覺得自己20多歲時，比10多歲時能做到更多事情；30多歲時也比20多歲時過得更快樂，擁有更多期待。同樣地，**我們這一輩子的幸福程度也可以持續上升，50多歲時可以過得比40多歲更好，60多歲時可以過得比50多歲更好、70多歲時可以過得比60多歲更好，80多歲時可以過得比70多歲更好、90多歲時可以過得比80多歲更好。**所以，建議大家持續實踐百歲時代的人生戰略，而且實踐愈多項愈好。

這麼一來，你就能「以這輩子最好的自己迎接生命的終點」。我就是以此為目標，日復一日實踐書中介紹的方法，並且著實感受到自己過得愈來愈自由、愈來愈精采。

勝間和代

本文設計 / 劉泊辰

插圖 / 加納屋攸唯

體裁 / 依據和尼工

DTP / 三米王シゾロ

ISSHO JIYU NI YUTAKA NI IKIRU!
1OOSAI JIDAI NO KATSUMA SHIKI JINSEI SENRYAKU HACK 100
©Kazuyo Katsuma 2023
First published in Japan in 2023 by KADOKAWA CORPORATION, Tokyo.
Complex Chinese translation rights arranged with
KADOKAWA CORPORATION, Tokyo through CREEK & RIVER Co., Ltd.

給我精采有用人生！老後時代下的100條致勝法則

出　　版／楓書坊文化出版社
地　　址／新北市板橋區信義路163巷3弄10號
郵 政 劃 撥／19907596 楓書坊文化出版社
網　　址／www.maplebook.com.tw
電　　話／02-2957-6096
傳　　真／02-2957-6435
作　　者／勝間和代
翻　　譯／沈俊傑
責 任 編 輯／邱鍾毅
內 文 排 版／謝政龍
港 澳 經 銷／泛華發行代理有限公司
定　　價／450元
出 版 日 期／2025年4月

國家圖書館出版品預行編目資料

給出精采有用人生！老後時代下的100條致勝法則 / 勝間和代作；沈俊傑翻譯. -- 初版. -- 新北市：楓書坊文化出版社, 2025.4　面；公分

ISBN 978-626-7548-66-0（平裝）

1. 生活指導 2. 生涯規劃 3. 老年

1772　　　　　　　　　　　　　　　114002125

參考文獻

《100歲的人生戰略》
林達‧葛瑞騰（Lynda Gratton）、安德魯‧史考特（Andrew J. Scott）著

《死ぬまで、働く（到死之前都要工作，暫譯）》
池田絹 著

《大自然治癒力：更健康‧更快樂‧更有創造力的身心靈自然療癒》
佛羅倫絲‧威廉斯（Florence Williams）著

《可不可以不變老？：喚醒長壽基因的科學革命》
大衛‧辛克萊（David A. Sinclair）、馬修‧拉普蘭提（Matthew D. LaPlante）著

《自転車通勤で行こう（騎自行車上班去，暫譯）》
疋田智 著

《世界一の美女の創りかた（世界第一美女養成法，暫譯）》
伊妮絲 利格隆（Inés Ligron）著

《別把你的錢留到死：懂得花錢，是最好的投資——理想人生的9大財務思維》
比爾‧柏金斯（Bill Perkins）著

《與成功有約：高效能人士的七個習慣》
史蒂芬‧柯維（Stephen R. Covey）著

勝間和代（Katsuma Kazuyo）

經濟評論家。股份有限公司監察人暨分析董事。
1968年出生於東京。日本早稻田大學金融MBA、日本慶應義塾大學商學院畢業。曾任職於安達信會計師事務所（Arthur Andersen）、麥肯錫、摩根大通等公司，後來獨立創業。她針對少子化問題、年輕人雇用問題、工作生活平衡、運用資訊科技提升個人生產力等諸多議題皆有發表言論。近年來，她基於經濟與效率化的見解、實際經驗與研究而推出的家電以及各種家事建議大受歡迎。
著作等身，如《ラクしておいしく、太らない！勝間式 超ロジカル料理》（アチーブメント出版）、《補改訂版 勝間式食事ハック》《仕事も人生もうまくいく！勝間式 タイムパフォーマンスを上げる習慣》（宝島社）、《圧倒的に自由で快適な未来が手に入る！勝間式ネオ・ライフハック100》《自由もお金も手に入る！勝間式超スローライフ》（KADOKAWA）、《100個無壓力生活提案 迎向後防疫時代新未來》（台灣角川）。